西南大学工商管理学科建设系列丛书（第二辑）

连片特困地区旅游扶贫与生态保护耦合发展研究

Coupling Research Shall Destitute Areas Tourism Poverty Alleviation and Ecological Protection

秦远好　刘德秀　秦　翰/著

科学出版社
北　京

内容简介

本书立足系统思维，以旅游扶贫理论、生态保护理论及耦合理论为基础，全面阐释旅游扶贫与生态保护两大系统相互支撑促进、胁迫约束的交互关系，以及交互耦合及其发展演进的基本规律，创建旅游扶贫与生态保护耦合发展态势的评价指标体系、评判标准与计量模型，并以武陵山区、秦巴山区及滇桂黔石漠化区等连片特困地区内的旅游扶贫示范镇为实证研究区域，测度旅游扶贫与生态保护的耦合发展态势，揭示耦合发展的关键影响因子，进而构建连片特困地区旅游扶贫与生态保护耦合发展的机制模型，以及实现两大系统优良态耦合发展的协同路径。

本书可供高等院校、研究机构的教学科研人员，大学本科生及研究生，旅游及相关领域从业人员使用。

图书在版编目（CIP）数据

连片特困地区旅游扶贫与生态保护耦合发展研究/秦远好，刘德秀，秦翰著. —北京：科学出版社，2020.12
（西南大学工商管理学科建设系列丛书. 第二辑）
ISBN 978-7-03-067113-4

Ⅰ. ①连⋯ Ⅱ. ①秦⋯ ②刘⋯ ③秦⋯ Ⅲ. ①乡村旅游—旅游业发展—扶贫—研究—中国 ②生态环境—环境保护—研究—中国
Ⅳ. ①F592.3 ②X321.2

中国版本图书馆 CIP 数据核字（2020）第 241836 号

责任编辑：陈会迎/责任校对：贾娜娜
责任印制：张 伟/封面设计：无极书装

科 学 出 版 社 出版
北京东黄城根北街16号
邮政编码：100717
http://www.sciencep.com

北京建宏印刷有限公司 印刷
科学出版社发行 各地新华书店经销

*

2020年12月第 一 版　开本：700×1000　1/16
2020年12月第一次印刷　印张：10
字数：200 000

定价：102.00元
（如有印装质量问题，我社负责调换）

前　言

本书在旅游扶贫理论（利益相关者理论、社区参与旅游发展理论）、生态保护理论（生态系统理论、可持续发展理论），以及耦合理论（系统论、协同论和耗散结构论）等基础理论的指导下，全面阐释旅游扶贫系统与生态保护系统相互支撑促进、胁迫约束的交互关系，交互耦合的交互裂变、层级变化、涨落演化、非线性协同和阈值限制等基本规律，以及两大系统从低水平协调阶段到改善磨合阶段再到拮抗阶段最后进入高水平协调阶段的耦合发展规律。

在遵循系统性、科学性、可获取性等基本原则的前提下，构建包括旅游扶贫压力、旅游扶贫投入和旅游扶贫效率三大子系统的旅游扶贫系统评价体系，以及包括生态环境压力、生态保护投入和生态保护效率等三大子系统的生态保护系统评价体系，并依据系统评价的基本思路构建旅游扶贫与生态保护两大系统的多因素综合评价模型 $S_i = \sum_{j=1}^{m} w_j x'_{ij}$（其中，$w_j$ 为各指标权重，x'_{ij} 为各指标的归一化值）。

依据系统论、协同论和耗散结构论创建旅游扶贫系统和生态保护系统的演化模型，即 $V_A = dA/dt$ 和 $V_B = dB/dt$，旅游扶贫系统与生态保护系统耦合发展态势评估的计量模型 $\alpha = \arctan(V_A/V_B)$，以及耦合发展态势的评判标准。

鉴于旅游资源空间分布的相对集中性，并综合考虑实证研究区域的代表性、旅游扶贫开发的动态过程性，以及旅游扶贫与生态保护时间序列数据的可获取性，甄别确定以旅游景区和旅游度假地产开发为核心，位于武陵山区的重庆市石柱土家族自治县黄水镇、武隆县仙女山镇[①]，以及以旅游景区和农家旅馆（乡村民宿）开发为核心，位于秦巴山区的重庆市奉节县兴隆镇、滇桂黔石漠化区的广西壮族自治区巴马瑶族自治县甲篆镇作为实证研究区域。运用相关计量模型定量评估后发现：同类型实证研究区域旅游扶贫系统与生态保护系统的耦合发展具有

---

① 本书所有原始数据截至 2016 年底，故本书涉及的所有行政区划名称、组织机构名称及相关问题的现状陈述均采用 2016 年底前的说法。特此说明。

明显的相似性，不同类型实证研究区域则具有明显的差异性。其中，2004~2016年仙女山镇和黄水镇旅游扶贫系统的演化速度均呈直线上升态势，但生态保护系统的演化速度则呈现出仙女山镇直线下降，黄水镇持续上升态势；仙女山镇两大系统的耦合发展从低水平协调进入改善磨合最后上升到拮抗阶段，黄水镇则从低水平协调进入改善磨合阶段，仙女山镇两大系统的冲突矛盾明显比黄水镇尖锐激烈。2006~2016年兴隆镇和甲篆镇旅游扶贫系统的演化速度也呈直线上升态势，生态保护系统的演化速度则呈"U"形变化态势，耦合度则呈倒"U"形变化态势；兴隆镇两大系统的耦合发展从低水平协调进入改善磨合最后回落到低水平协调阶段，甲篆镇则从改善磨合进入拮抗阶段再回落到改善磨合阶段，甲篆镇两大系统的矛盾冲突较兴隆镇明显。

结合实证研究结果和对研究区域旅游扶贫开发与生态保护行动演进过程的系统分析后发现：旅游扶贫开发强度大、旅游设施数量多、旅游扶贫推进速度快、生态环境保护工程建设严重滞后，以及游客接待量多是导致连片特困地区旅游扶贫与生态保护两大系统矛盾激化，未能实现优良态耦合发展的共同原因。

依据实证研究结果和两大系统未能实现优良态耦合发展的共同致因，构建连片特困地区旅游扶贫系统与生态保护系统耦合发展的机制模型，并依据机制模型的理论逻辑和国际成功经验设计出旅游扶贫与生态保护两大系统实现优良态耦合发展的协同路径，即以知法尊法意识、守法执法行为为核心的意识行为协同路径，以旅游扶贫开发与生态保护工程建设协同、旅游扶贫规模与环境承载能力协同为核心的资源配置协同路径，以多方参与、利益共享为核心的收益分享协同路径。

目　录

第一章　导论 1
　第一节　研究背景与问题的提出 1
　第二节　研究价值 5
　第三节　研究思路与研究方法 6
第二章　文献综述 8
　第一节　旅游扶贫研究 8
　第二节　生态保护研究 12
　第三节　旅游扶贫与生态保护耦合研究 20
第三章　旅游扶贫与生态保护耦合的理论基础 23
　第一节　旅游扶贫的理论基础 23
　第二节　生态保护的理论基础 25
　第三节　旅游扶贫与生态保护耦合发展的理论基础 27
第四章　连片特困地区旅游扶贫与生态保护实践 31
　第一节　连片特困地区 31
　第二节　连片特困地区的旅游扶贫 39
　第三节　连片特困地区的生态保护 44
第五章　旅游扶贫与生态保护耦合机理阐释 53
　第一节　旅游扶贫与生态保护的交互关系 53
　第二节　旅游扶贫与生态保护的耦合机理 58
第六章　旅游扶贫与生态保护耦合模型建构 64
　第一节　旅游扶贫与生态保护耦合评价体系建构 64
　第二节　旅游扶贫与生态保护耦合态势模型建构 68
第七章　实证研究区域的旅游扶贫与生态保护 71
　第一节　实证研究区域的甄选 71
　第二节　实证研究区域的旅游扶贫模式与生态保护举措 72

第八章　连片特困地区旅游扶贫与生态保护耦合态势评估 ································ 86
第一节　数据来源及其处理方法 ·· 86
第二节　仙女山镇/黄水镇旅游扶贫与生态保护耦合态势评估 ······················ 96
第三节　兴隆镇/甲篆镇旅游扶贫与生态保护耦合态势评估 ························ 110
第四节　连片特困地区旅游扶贫与生态保护耦合发展的影响因子 ············ 122

第九章　国际旅游扶贫与生态保护耦合协调发展案例剖析 ······························ 127
第一节　印度的旅游扶贫与生态保护 ·· 127
第二节　南非的旅游扶贫与生态保护 ·· 129

第十章　连片特困地区旅游扶贫与生态保护耦合发展的机制模型与协同路径设计 ·· 134
第一节　连片特困地区旅游扶贫与生态保护耦合发展的机制模型 ············ 134
第二节　连片特困地区旅游扶贫与生态保护耦合发展的协同路径 ············ 137

参考文献 ··· 145
后记 ··· 152

第一章 导 论

本章主要介绍本书的研究背景、研究对象、研究价值、研究思路与研究方法。

第一节 研究背景与问题的提出

一、连片特困地区成为我国新时期扶贫攻坚的主战场

中国是世界上国土面积最大、人口最多的发展中国家,也是贫困人口规模较大的国家。改革开放以来,中国政府多措并举消除贫困,取得了明显成效。为了实现全面建成小康社会的宏伟目标,攻克贫困难题,2011年12月1日中共中央、国务院发布《中国农村扶贫开发纲要(2011—2020年)》,将六盘山等11个集中连片特困地区和已明确实施特殊扶持政策的西藏、四省藏区、新疆南疆三地州等14个片区680个县,确定为扶贫攻坚的主战场(表1-1)。因此,连片特困地区的扶贫攻坚作为国家战略而备受社会各界关注。

表1-1 2012年全国连片特困地区分布区域统计表　　单位:个

省(自治区、直辖市)	片区名称	覆盖地市数量	覆盖县域数量
黑龙江	大兴安岭南麓山区	3	11
吉林	大兴安岭南麓山区	1	3
内蒙古	大兴安岭南麓山区	1	5
	燕山-太行山区	1	3
河北	燕山-太行山区	3	22
山西	燕山-太行山区	2	8
	吕梁山区	3	13

续表

省（自治区、直辖市）	片区名称	覆盖地市数量	覆盖县域数量
陕西	吕梁山区	1	7
	六盘山区	2	7
	秦巴山区	5	29
甘肃	六盘山区	8	40
	秦巴山区	1	9
	四省藏区	2	9
青海	六盘山区	2	7
	四省藏区	6	33
宁夏	六盘山区	3	7
河南	秦巴山区	4	10
	大别山区	5	16
湖北	秦巴山区	2	7
	大别山区	2	8
	武陵山区	2	11
四川	秦巴山区	4	15
	乌蒙山区	4	13
	四省藏区	3	32
重庆	秦巴山区		5
	武陵山区		7
安徽	大别山区	4	12
湖南	武陵山区	7	31
	罗霄山区	2	6
贵州	武陵山区	2	15
	乌蒙山区	2	10
	滇桂黔石漠化区	5	40
云南	乌蒙山区	4	15
	滇桂黔石漠化区	3	11
	滇西边境山区	10	56
	四省藏区	1	3
广西	滇桂黔石漠化区	7	29
江西	罗霄山区	4	17
西藏	西藏区	7	74
新疆	新疆南疆三地州	3	24

注：此表根据国务院扶贫开发领导小组办公室（以下简称国务院扶贫办）公布的连片特困地区名单整理

二、旅游扶贫迅速成为连片特困地区脱贫攻坚的主力军

我国在脱贫攻坚实践中先后推出了政府主导、中小城镇聚焦、产业扶贫、知识扶贫、生态扶贫、非政府组织（Non-Governmental Organizations，NGO）参与和旅游扶贫等多种扶贫模式，并取得了不同程度的成效。其中，自1991年国内旅游界提出"旅游扶贫"口号后，国家和地方政府高度重视并强力推进旅游扶贫。2000年4月国家旅游局、国务院扶贫办、国家计划委员会、财政部等批准建立覆盖宁夏回族自治区泾源县、西吉县、海原县和原州区等区县的21个乡镇、40万贫困人口、地域面积160平方千米的"六盘山旅游扶贫试验区"，探索旅游扶贫工作的体制机制与实现路径。经过10余年的努力，到2013年，该试验区依托当地丰富而有特色的旅游资源，开发建成了六盘山国家森林公园、六盘山红军长征景区、须弥山石窟、火石寨国家地质（森林）公园等4个国家AAAA级旅游景区和老龙潭·中华龙文化博览园、胭脂峡两个AA级旅游景区，旅游扶贫效果明显。2013年，固原市接待游客219.8万人次，旅游收入8.89亿元，有20 000多农户以兴办农家乐、销售土特产等方式融入旅游扶贫之中。六盘山国家森林公园附近的泾源县冶家村1/3的农户办起了农家乐，年收入超过10万元[1]。

2011年底，中共中央、国务院将六盘山区、秦巴山区、武陵山区、乌蒙山区、滇桂黔石漠化区、滇西边境山区、大兴安岭南麓山区、燕山-太行山区、吕梁山区、大别山区、罗霄山区等11个连片特困地区和已明确实施特殊政策的西藏、四省藏区、新疆南疆三地州作为扶贫攻坚主战场后，各级政府多措并举，紧紧围绕连片特困地区脱贫攻坚开展旅游扶贫工作。2013年8月，国家旅游局、国务院扶贫办联合开展"旅游扶贫试验区"工作，要求在全国各个连片特困地区内选择1~2个旅游产业基础较好的重点县或贫困面较大的市（地、州、盟）作为旅游扶贫试验区建设。2014年11月，国家发展和改革委员会、国家旅游局等7个部门决定实施乡村旅游富民工程，推进旅游扶贫工作，明确提出"到2015年，扶持约2000个贫困村开展乡村旅游，到2020年，扶持约6000个贫困村开展乡村旅游，带动农村劳动力就业。力争每个重点村乡村旅游年经营收入达到100万元。每年通过乡村旅游，直接拉动10万贫困人口脱贫致富，间接拉动50万贫困人口脱贫致富"[2]。2015年5月，国务院扶贫办、国家旅游局启动贫困村旅游扶贫试点工作，决定在全国560个建档立卡贫困村开展试点工作。2016年8月，国家旅游局、国家发展和改革委员会等12个部门联合公布《乡村旅游扶贫工程行动方案》，提出在"十三五"期间，力争通过发展乡村旅游带动全国25个省（自治区、直辖市）22 600个建档立卡贫困村、230万贫困户、747万贫困人口实现脱贫。通过实施乡村旅游扶贫工程，使全国10 000个乡村旅游扶贫重点村年旅游经营收入达到100

万元，贫困人口年人均旅游收入达到 10 000 元以上[3]。2016 年 9 月国家旅游局实施旅游万企万村帮扶专项行动，组织动员全国 10 000 家旅游景区、旅行社、旅游饭店、旅游车船公司、旅游规划设计单位、乡村旅游企业等旅游企业及旅游院校，对 22 600 个乡村旅游扶贫重点村进行帮扶脱贫。采取安置就业、项目开发、输送客源、定点采购、指导培训等多种方式帮助乡村旅游扶贫重点村发展旅游业，计划 5 年内解决 100 万贫困人口的脱贫问题。

在国务院各部门的高度重视与强力推动下，通过社会各界的广泛参与，旅游扶贫不仅迅速成为连片特困地区脱贫攻坚的主导性模式，而且成效显著。2014 年，全国已建成乡村旅游特色村 10 余万个，年接待游客 12 亿人次，年旅游收入 3200 亿元，让 3300 万户农民受益，千余万户农民通过旅游扶贫脱贫致富。2016 年，全国休闲农业和乡村旅游景区（点）接待游客近 21 亿人次，营业收入超过 5700 亿元，带动 672 万户农民受益，旅游扶贫已成为连片特困地区脱贫攻坚的主力军。

三、以生态保护为核心的生态文明建设上升为国家战略

中共中央、国务院高度重视生态环境保护与生态文明建设。党的十八大明确要求坚持节约资源和保护环境的基本国策，大力推进生态文明建设，实现中华民族永续发展。中共十八届三中全会决议要求加快生态文明制度建设，建立系统完整的生态文明制度体系，用制度保护生态环境。2015 年 4 月，中共中央、国务院再次强调生态文明建设关系到人民福祉、民族未来和中国梦的实现；重点在于健全生态文明制度体系，加大环境保护力度，大力推进绿色发展、循环发展和低碳发展，加快建设美丽中国，以实现中华民族的永续发展①。

四、连片特困地区旅游扶贫开发中的生态环境问题凸显

我国的集中连片特困地区大多地处偏远山区和省际交界地带，以山地、丘陵、高原为主，地形地质条件复杂、水土流失严重、自然灾害频发、生态环境脆弱，耕地面积十分有限、水资源严重短缺、资源环境承载力低、生存条件恶劣，多数地区不适宜人类居住；且大多位于湖库源头、江河上游、重要生态功能区，生态地位重要，属全国主体功能区划中的限制开发区或禁止开发区，资源开发与环境保护矛盾突出。因此，连片特困地区既是我国扶贫攻坚的主战场，也是实施生态文明建设国家战略的主要阵地。连片特困地区的旅游扶贫开发多属资源环境

---

① 资料来源：《中共中央国务院关于加快推进生态文明建设的意见》。

依托型，随着旅游扶贫开发的迅速展开与强力推进，基础设施与旅游服务设施建设，特别是旅游度假地产的大规模成片开发对连片特困地区资源环境的影响不容忽视。在一些旅游扶贫开发区，旅游设施建设导致局部区域地质结构、地形地貌与原生态景观环境改变，局部区域植被损毁，水土流失与地质灾害隐患加重；旅游度假地产、旅游康养设施的成片开发，导致旅游扶贫开发区在度假高峰时段游客接待量猛增，交通拥堵、车水马龙、人声鼎沸，宁静的生活环境氛围不复存在；生活污水、生活垃圾得不到及时有效的处理，生态环境承受着严峻考验，旅游扶贫开发与生态环境保护的矛盾逐渐凸显。因此，如何保障连片特困地区通过旅游扶贫实现脱贫致富、社会经济发展目标的同时，尽可能减少对资源环境的负面影响，实现旅游扶贫与生态保护两大系统的协同发展，已成为连片特困地区面临的十分紧迫且必须有效解决的重大课题。

第二节　研究价值

一、理论价值

本书从宏观与微观、时间与空间、普遍性与特殊性等分析入手，在旅游扶贫与生态保护的相关理论指导下，多维度、多层面探索连片特困地区旅游扶贫与生态保护耦合机理，开发两大系统耦合发展的测度工具，揭示耦合发展的基本规律与演进趋势，构建具有中国特色的促进旅游扶贫与生态保护两大系统实现优良态耦合发展的协同路径，以促进连片特困地区旅游扶贫与生态保护协同发展，丰富连片特困地区旅游扶贫与生态保护耦合发展的理论体系。

二、实践价值

本书以科学发展观、绿色发展和协调发展理念为指导，紧紧围绕连片特困地区旅游扶贫与生态保护耦合机制建构主题，通过理论梳理、经验借鉴、耦合测度工具开发、耦合态势评估、耦合机制建构、协同路径设计等系统研究，以强化连片特困地区旅游扶贫与生态保护主体的责任意识，围绕美丽乡村建设，优化旅游扶贫与生态保护系统，为实现脱贫攻坚与生态建设两大国家战略提供决策参考依据与路径选择。

第三节 研究思路与研究方法

一、研究思路

在可持续发展理论、绿色发展和协调发展理念的指导下，以连片特困地区旅游扶贫与生态保护耦合机制建构为导向，运用社会学、生态学和经济学等学科的研究方法，立足于连片特困地区的普遍性与差异性分析，深入武陵山区、秦巴山区、滇桂黔石漠化区等具有代表性的样本区域调查研究，通过对连片特困地区旅游扶贫与生态保护的背景分析、理论梳理、经验借鉴、耦合机制模型建构、耦合测度工具开发、耦合态势评估等系统研究，探索连片特困地区旅游扶贫与生态保护实现优良态耦合发展的路径，构建协同推进的耦合机制（图1-1）。

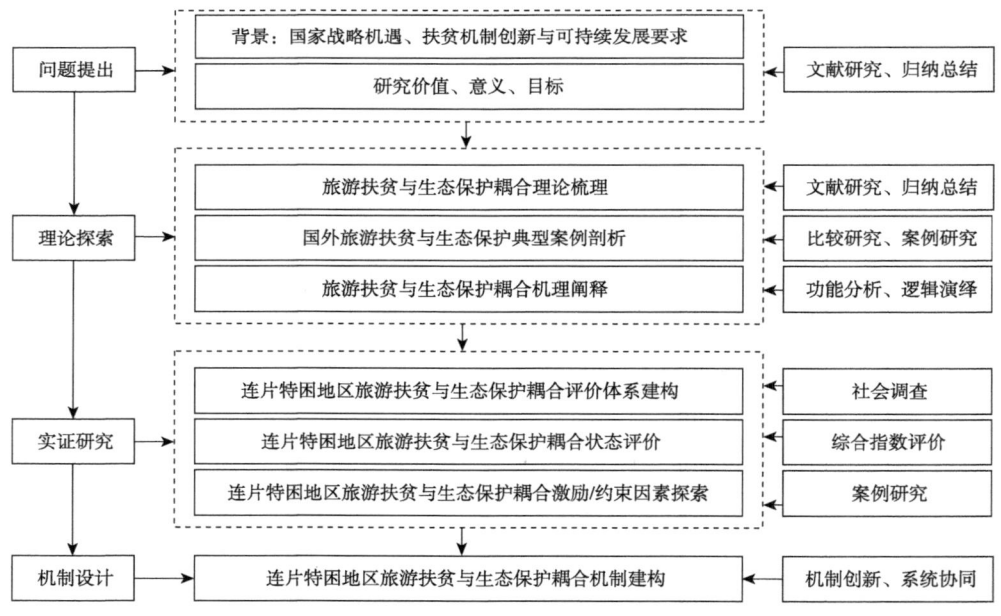

图1-1 技术路线图

二、研究方法

（一）文献研究

分析梳理国内外有关旅游扶贫与生态保护及其耦合发展的最新研究成果，吸收具有参考借鉴价值的理论与方法，为本书研究奠定理论与方法基础。

（二）比较研究

比较梳理亚洲、非洲旅游扶贫与生态保护的共性与个性经验，为探索构建连片特困地区旅游扶贫与生态保护耦合机制提供经验借鉴。

（三）实证研究

本书以武陵山区、秦巴山区、滇桂黔石漠化区等为实证研究对象，运用问卷调查、深度访谈、现场考察等社会调查方法，获取第一手资料，为开发耦合测度工具，评估耦合发展态势，构建旅游扶贫与生态保护耦合机制提供依据。

（四）定量研究

本书采用熵值法确定旅游扶贫与生态保护耦合发展评估指标的权重，运用多因素综合评价法构建旅游扶贫与生态保护耦合发展的评价模型，依据系统论、协同论和耗散结构论构建旅游扶贫与生态保护耦合发展态势评估模型，测度两大系统的耦合发展态势。

第二章 文献综述

本章全面梳理了国内外学术界在旅游扶贫、生态保护,以及旅游扶贫与生态保护耦合发展等领域的学术研究历程,客观总结了学术界的研究重点、热点及学者们的基本观点。

第一节 旅游扶贫研究

一、国内旅游扶贫研究

自 1995 年王芳礼、王星云率先在贵州省布依学会第五次学术讨论会上发表学术论文《略论布依族地区旅游扶贫开发问题》以来,旅游扶贫逐渐成为中国学术界关注与研究的热点。笔者通过中国知网、万方、维普、报刊资料索引等数据库交叉检索获得题名中包含"旅游""扶贫""贫困""贫穷""减贫""缓贫""脱贫""PPT"(pro-poor tourism,旅游扶贫)等信息的研究文献 1260 篇。纵观 20 年来的研究历程,其大致经历了快速起步阶段(1995~2001 年)、波状增长阶段(2002~2009 年)和回升发展阶段(2010~2016 年)三个阶段(图 2-1)。

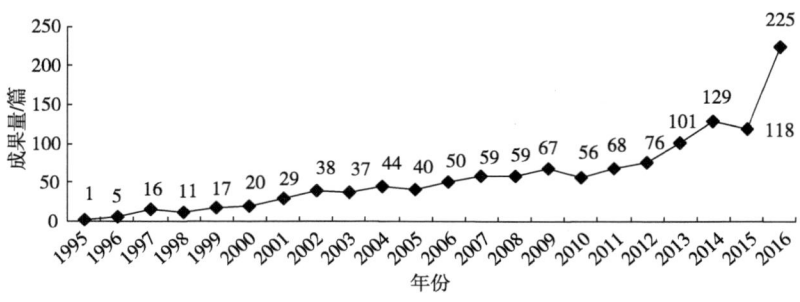

图 2-1 1995~2016 年中国旅游扶贫研究成果变化趋势图

（一）旅游扶贫及其目标研究

旅游扶贫是指通过开发贫困地区旅游资源、兴办旅游企业，将旅游业发展成为支柱产业，进而实现当地居民和地方财政的脱贫致富[4]。旅游扶贫的对象包括国定贫困地区和经济相对欠发达的地区[5]。旅游扶贫的总体目标是脱贫致富，主导目标是保障贫困者利益和为其创造自我发展的机会，核心目标是反贫困和消除贫困人口的贫困状态，终极目标是在促进经济发展、增加经济收益的前提下，推动贫困社区和贫困人口的全面发展[6]。

因此，旅游扶贫不仅要缓解和消除贫困人口物质上的贫困，更要消除观念上的贫困，贫困地区通过发展旅游业使经济、文化、精神面貌得以全面发展[5]。

（二）旅游扶贫效应研究

1. 旅游扶贫效应及其感知

一般认为旅游扶贫能提高贫困地区的生产总值，增加地方政府的财税收入，增加贫困人口的就业机会与经济收入，带动产业发展，变资源优势为经济优势，变输血式扶贫为造血式扶贫，变被动生存为主动发展，具有明显的减贫、缓贫效应。"旅游飞地"、"旅游扶贫目标置换"和"旅游漏损"现象的存在[7]，以及正式部门未能充分发挥扶贫作用且对非正式部门形成的"挤出效应"导致旅游扶贫的经济效应弱化。旅游扶贫使贫困地区居民认识到传统文化、民俗风情和文物古迹的价值，主动保护地域文化，发掘利用文化资源[8]，增强了市场经济意识。与此同时，对文化资源利用不当也在一定程度上引起了社会文化冲突，使地方文化面临风险与危机。大量实证研究表明，贫困地区居民对旅游扶贫在经济、社会、文化，以及生态环境方面产生的正面效应感知强烈，普遍持肯定态度；对旅游扶贫的负面效应感知不太明显，多持中立或否认态度。因此，他们积极支持在贫困地区发展旅游产业，也愿意参与旅游发展[9]。

2. 旅游扶贫绩效评价

学者们在科学性、系统性、实用性、层次性、动态性等原则的指导下，从经济、社会和环境绩效角度构建旅游扶贫绩效评价体系，运用定量方法测度旅游扶贫绩效，并就湖南武陵源世界自然遗产地、湖南怀化市、湖南湘西土家族苗族自治州、湖南张家界市、湖北恩施土家族苗族自治州、贵州铜仁市和重庆黔江区等地区展开实证研究[10]。

（三）旅游扶贫模式研究

旅游扶贫模式是实现旅游扶贫目标的基本路径，也是学术界研究的热点，学者们从不同角度归纳总结或设计出适宜于不同地域环境条件的旅游扶贫模式。其中，基于旅游产品类型的旅游扶贫模式包括生态旅游模式和乡村旅游模式。基于区域环境条件的旅游扶贫模式包括政企合作模式、项目驱动模式、产业联动模式、区域带动模式[11]、特色旅游城市群建设模式等。基于参与主体角色的旅游扶贫模式包括政府主导型模式、景区带动模式和社区主导型模式。

（四）旅游扶贫中的社区参与研究

旅游扶贫中的社区参与是指贫困地区在经济利益驱动、政府调控拉动、社会发展推动的共同作用下，社区居民作为主体参与社区旅游规划、旅游项目开发和其他事务决策的行为过程。社区参与主要体现为社区居民参与旅游发展决策、旅游经营管理活动、旅游收益分配、旅游教育和培训、社区文化维护与传承及社区生态环境保护。在旅游扶贫过程中引入社区参与机制有利于促成贫困社区的民主决策，推动民主化进程；促进贫困社区的全面发展，保障贫困人口的长远利益，实现旅游扶贫的核心目标[12]。

由于社区参与的民事主体、财产、金融、知识产权、劳动社会保障等法律机制存在缺陷，贫困社区居民的参与意识淡薄、参与能力有限，社区参与仍然存在贫困人口参与度低，受益被边缘化等不容忽视的问题。因此，学者们呼吁在充分授权、滚动发展、以人为本、社区居民受益和根植当地等原则的指导下，发挥政府的主导作用，建立和完善社区参与的保障机制、科学合理的利益分配机制；强化社区居民参与意识，加强教育培训，提高社区居民素质与旅游参与能力[13]，通过政府引导参与、资源利用参与和居民个体参与等形式实现广泛的社区参与，确保旅游扶贫核心目标的实现。

二、国外旅游扶贫研究

国外学者运用地理学、经济学、管理学及社会学等学科的理论与方法，多角度探讨旅游扶贫问题，取得了比较丰富的成果，集中体现在以下几个方面。

（一）旅游扶贫内涵研究

旅游扶贫是一种能为贫困人口带来净收益，减轻贫困的旅游发展方式[14]。旅游扶贫的目标包括：①经济利益；②自然、社会、文化等其他生活利益；③无形的福利。有助于减贫的可持续旅游（sustainable tourism for eliminating poverty，ST-EP）战略视可持续旅游为减贫手段，特别关注旅游发展中的社会、文化、环境等负面问题，强调为旅游扶贫示范项目提供启动资金，加强可持续旅游与减贫研究，以便通过旅游促进当地经济发展。推进旅游扶贫应当坚持社区参与（community participation）、均衡发展（balanced approach）、整体生活路径（holistic livelihoods approach）、应用广泛（wide application）、灵活性（flexibility）及商业现实主义（commercial realism）等基本原则[15]。

（二）旅游扶贫效应研究

国外学者通常认为旅游业可以带来巨额外汇收入，增加政府公共财政收入，促进区域经济发展[16]。旅游业作为劳动密集型产业，可以为众多拥有不同技能的人特别是妇女创造更多的就业机会，旅游发展为当地居民提供了众多可获得更多、更均衡的利益，以及充分参与旅游决策和旅游活动的机会。因此，旅游减贫效应通常体现在改善社区的交通、通信等方面的可达性，提高产品价格，提供培训与就业机会，增加家庭收入，改善生活品质。由于贫困人口的市场进入障碍、项目可行性差、保障政策不完善、社会精英控制旅游等因素的影响，部分区域旅游扶贫中的收益分配失衡，贫富差距加大，违背旅游扶贫的初衷。

（三）旅游扶贫模式研究

旅游扶贫模式的选择通常需要考虑特定区域的资源环境状态和文化背景，学者们总结出以下一些比较成功的旅游扶贫模式。主要包括以野生生物、地质景观等为基础的自然旅游扶贫模式，以提高居民生活水平、提升地区自豪感、保护当地传统文化与工艺、推动文化交流的文化遗产旅游扶贫模式[17]，以乡村观光、休闲度假为基础的农业旅游扶贫模式[18]，以促进社区社会经济与文化发展、增进社区和谐的社区旅游扶贫模式，以及互助式小众型和企业带动型模式[19]。贫困人口通过在旅游企业就业，提供住宿餐饮、远足旅行及购物服务获取收益。

（四）旅游扶贫组织研究

国际发展援助为国际旅游扶贫提供了重要的资金支持。美洲国家组织重点为贫困地区提供技术支援和规划准备，国际复兴开发银行和国际开发协会侧重建设基础设施，国际金融公司帮扶私营企业发展。美洲开发银行关注自然环境与资源管理，提升市政服务质量，指导修复自然生态系统和历史文化遗产，美国国际发展局重点投资开发国家公园，培训员工，改组机构，鼓励投资私营住宿业。

旅游扶贫的重要利益相关者和支持者——非政府组织非常关心旅游扶贫的组织与支持方式。众多的教育支持机构、旅游志愿者组织及旅游基金组织在帮助贫困人口减贫脱贫，促进可持续旅游发展中发挥了巨大作用[20]。

第二节 生态保护研究

一、国内生态保护研究

国内学术界有关生态保护的专题研究始于1985年。至2016年底，文献题名中包括"生态保护"的研究文献达3400余篇。从各年度发表的研究成果数量来看，国内的生态保护研究大致可分为三个阶段：①尝试性探索阶段（1985~1997年）。该阶段各年度公之于世的研究成果非常有限，均在10篇以下。②快速推进阶段（1998~2009年）。该阶段表现为研究成果逐年增多，从1998年的17篇增至2009年的197篇，研究文献总量增加10倍以上。③全面系统研究阶段（2010~2016年）。众多研究者围绕生态补偿、草原生态补奖、生态保护红线等生态保护热点问题展开系统研究，研究成果丰硕，2010~2012年的年成果量均在200篇以上，2013~2016年的年成果量均在300篇以上（图2-2）。

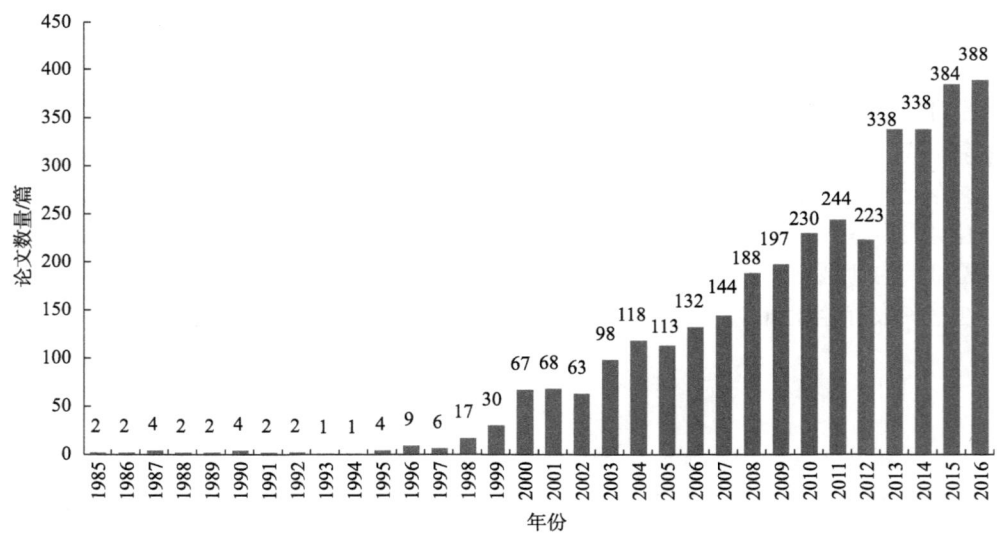

图2-2　1985~2016年国内生态保护研究成果变化态势图

第二章 文献综述

（一）生态保护历史传统与习俗研究

生态保护历史传统与习俗的研究主要集中在以下三个领域：一是探讨我国各少数民族的生态保护意识与传统习俗；二是剖析各种宗教教义和清规戒律中体现出来的生态保护意识与行为规范；三是分析我国历朝历代的生态保护主张、传统习俗与相关法律规范等。具体而言，国内研究者通过对藏族、布依族、独龙族、蒙古族、羌族、景迈山傣族、云南壮族、佤族、彝族，以及新疆、云南和漓江源等地区少数民族的生态环境保护传统与举措展开研究，发现我国大多少数民族都有禁止砍伐林木、捕杀动物及轮歇耕作的传统，有与神山文化、鸟兽鱼虫等自然神灵崇拜相联系的生态伦理观，有的少数民族如蒙古族、漓江源地区少数民族等甚至建立了相关的习惯法，促使人们自觉地保护生态环境。

（二）草原生态保护研究

2016年，我国草原面积为392万平方千米，约占我国陆地面积的40.8%，是我国江河源头、水源涵养区和陆地生态系统的主体。草地是人们赖以生存的生物资源，是人类重要的生产生活资料，是陆地生态系统的重要组成部分。抓好草原生态保护，对全国生态环境建设、促进牧区经济发展、提升区域软实力、搞好民族团结、致富一方百姓都具有重要而深远的意义。粗放畜牧、自然灾害（干旱、鼠患虫害）、矿产开发、政府管理不力等因素导致草原退化、沙化、盐渍化和生物多样性弱化。学者们提出要提高生态环境在我国环境保护中的战略地位，加大草原保护建设力度，充分发挥草原在我国生态安全建设中的战略作用，实施草原转型与休养生息战略。保护草原要坚持生态环保、效益并举、因地制宜、分类指导、政策倾斜的原则，通过加强宣传、环保立法、监理执法，实施草原生态保护红线制度、创新草原产权制度；转移安置退牧还草牧民、转变生产经营方式，加快推进畜牧业集约化生产，加大对牧区新型合作组织的财政、税收支持力度，实行信贷政策倾斜，加大信贷资金投入，优化公共政策，使草原生态环境从根本上得到保护[21, 22]。

（三）森林生态保护研究

森林是以木本植物为主体的生物群落，是集中的乔木与其他植物、动物、微生物和土壤之间相互依存、相互影响的一个生态系统，被誉为"地球之肺"。到2013年，尽管我国的森林覆盖率超过了21.6%，但与国际平均水平还有较大差距，仍然属于缺林少绿、森林资源不足的国家。因此，森林生态保护任务艰巨。近年来，国内研究者针对我国西部地区、东北森林区、南方林区、大兴安岭国家公园、小兴安岭林区、三江源地区、阿尔山、伊春国有林区、沂蒙山区、信阳南湾库区、钱塘江源头地区、张家界、福建省森林公园、清水江流域、广西桂林国家森林公园、广东平远、海南省霸王岭国有林场等区域的森林生态保护展开了研究。

受环境污染、过度追求经济效益、森林资源配置不合理、外来资本介入、公益林补偿标准偏低、技术人才缺乏、监督机构不健全等诸多因素的影响，林区生态系统功能退化、水土流失加重、涵养水源功能降低、土地沙化石漠化突出、生物多样性面临严重威胁。研究者们呼吁坚持国有为主体的林业管理模式，加强宣传教育、立法执法、严厉打击各类毁林盗伐行为；认真执行采伐限额，严格控制森林资源消耗；加强基础设施建设，提高人员素质，加大人才引进力度和强化林场职工培训，开发可持续性生态旅游，建立森林生态系统服务价值评估体系及专门监督机构；促进人与自然和谐发展，全面贯彻落实可持续发展观；增加财政收入，利用现代科技手段提高生态监测管理水平，实现森林生态系统修复与保护，保障林区健康、有序发展。

（四）水生态保护研究

水是人类生存和发展必不可少的自然资源，尽管我国水资源总量居世界第六位，但人均水量仅为世界人均水量的 1/4，供需严重不足。加上水源污染、水土流失严重，这不仅进一步加剧了水资源短缺，还严重威胁到居民的饮水安全，不利于人类的可持续发展。因此，加强水生态保护显得尤为重要。近年来，国内学者围绕湿地、湖泊、江河流域、海洋等水体的生态保护展开了系统研究。

湿地泛指暂时或长期覆盖水深不超过 2 米的低地、土壤充水较多的草甸，以及低潮时水深不过 6 米的沿海地区。中国湿地面积（6600 万公顷）占世界湿地面积的 10%，居亚洲第一，湿地生态保护受到社会各界高度关注。近年来国内研究者针对白鸟湖、玛纳斯湖、青海高原水库、扎龙、嫩江源、三江平原、洽川、千湖、汾河、豫东黄河故道、白龟山库区、宿鸭湖、沙河、黄河河口、南四湖、沂河、曲阜、汶河、池州沿江带、常熟沿江带、溱湖、金湖、骆马湖、大九湖、洪湖、长湖、洞庭湖、鄱阳湖、银洲湖、大山包等区域性湿地，以及鞍山、天津、烟台、银川、常熟、南京、厦门等城市湿地展开全面系统的研究。湿地作为陆生生态系统和水生生态系统之间的过渡性地带，发挥着维持生物多样性、调节水位、防止自然灾害、净化水体和补充水源等多种作用[23]，具有重要的生态、经济、景观娱乐和科研教育价值。受监管缺位、污染排放趋重、水土流失增加、圈占湿地兴建项目、水源补给缺乏保障、生态保护资金投入不足、资源过度利用等因素的影响，诸多湿地面临不同程度的面积缩减、水体污染趋重、缺水现象突出、生态功能退化等问题，研究者们呼吁加强宣传教育，树立和强化湿地生态保护意识；建立健全湿地保护的管理机构和监测体系，强化湿地保护的监管职能；科学规划湿地的开发利用与生态保护，防止资源过度消耗和人类不当利用行为干扰；加大生态保护资金投入，完善环境设施，治理点面源污染与水土流失，逐步恢复湿地的调蓄防灾能力；采用水量平衡法确定湿地生态需水量，科学调配水资源，保证湿地的生态用水；推进湿地保护产业化、市场化，湿地产业生态化发展；建立生态补偿机制，实施生态保护红线制度，优化湿地景观设计，强化工程治理和生物恢复技术[24]，实现湿地的生态修复与生态保护。

湖泊是水资源的重要载体，是自然生态系统的重要组成部分。但湖面面积缩小、植被衰退、小气候环境恶化等现象时有发生，引起了社会各界的广泛关注。学者们对艾比湖、博斯腾湖、滇池、洞庭湖、洪湖、呼伦湖、鄱阳湖、泸沽湖、千岛湖、青海湖、沙湖、洱海等天然湖泊，以及大伙房水库、丹江库区、黑河水库、黑泉水库、西溪水库等人工湖泊的生态保护展开研究，呼吁通过减少湖面污染源、退耕还湖、营造农田防护林、设立生态保护补偿基金、实施汇流区生态保护工程、加大宣传教育力度等来强化湖泊的生态保护[25]。

江河流域不仅是一个地理单元，更是一个生态系统。受治污滞后、节水技术落后、植被破坏趋重、治理体制不完善等多种因素的影响，江河流域生态系统存在着水资源严重不足、水质恶化、水土流失加重等问题。对此，国内学者重点研究了塔里木河、黑河、黄河、海河、淮河、泗河、赤水河、金沙江、澜沧江、漓江、珠江，以及南四湖、抚仙湖、白洋淀、巢湖、太湖、青海湖等湖泊流域的生态保护，建议建立政府-私营组织合作（public-private partnership，PPP）模式，加强生态保护宣传教育和生态环境立法，建立生态补偿机制与科学技术支撑体系，发展生态旅游业，分区、分段、分层治理江河湖泊的环境污染，强化流域生态保护[26]。学者们通过对阿什河、疏勒河、黑龙江、黑河、三江源、黄河、渭河、北运河、淮河、长江、闽江源、钱塘江、珠江源等江河流域的研究，发现依然存在着水质污染严重、水量锐减、水生物面临威胁、生态环境恶化等现象，这严重影响了沿岸居民的生活和生态健康；建议在坚持上下游治理结合、工程措施与生物措施结合、生态保护和扶贫工作结合的基础上，采取河道整治、建立江河生态补偿机制、健全生态环境保护与监管体系、实施生态移民工程等措施，改善江河流域的生态环境[27, 28]。

海洋是人类环境的重要组成部分，具有稳定全球环境、容纳净化各种污物的机能。学者们在对大连长山群岛、渤海、江苏沿海、浙江沿海、广西北海、南海等海域的研究发现：我国海洋渔业捕捞过度、生物资源急剧减少、海域污染加剧、赤潮频发、局部自然生态十分脆弱；呼吁建立海洋生态保护红线制度[29]、海域关闭立法制度、资源产权制度、保护补偿制度、生态税制度等制度体系，调整海洋产业结构，建立海洋保护区，争取双边和多边国际合作等来加强海洋生态保护。

（五）生态保护与产业发展的关系研究

改革开放四十多年来，我国在产业经济快速发展的同时，也付出了相当大的生态环境代价。产业发展与生态环境之间的矛盾突出，如何协调两者关系，受到社会各界的高度关注。学者们针对青藏高原东部藏区、黄土高原地区、大西南石山区、江苏省、江西省、贵州石漠化防治区、闽北地区、成都市、福建南平和将乐等地区的农业、养殖业发展，矿业开发与生态保护，尤其是近年来针对大连长山群岛、江苏、河南、泸沽湖、九寨沟、桂林、西双版纳、珠江等地区旅游开发与生态保护的关系进行研究，呼吁产业发展应以生态恢复和保护为前提[30]；合理开发利用资源，因地制宜选择产业，优化产业结构，调整产业重心，推广循环经济发展模式，建立生态补偿机制和长效管理机制[31]，完善生态保护的政策措施，加大生态保护执法力度。制定生态指标评价体系和保护资源环境的配套措施，协调企业、政府和社会之间的关系[32]。提高民族素质和公众生态环保意识，开展污染治理工作。学者们指出产业是城市经济发展的助推器，生态环境是城市居民生活的重要保障，产业发展与生态保护之间是相互制约、相互影响、相互依赖、相互促进的关系，只有正确处理好两者之间的关系，才能促进生态环境保护，实现产业的可持续发展。

（六）生态保护法制建设研究

法制建设是生态保护的根本保障。一部分学者从资源类别入手，探讨野生动物、湿地、农村、农业、草原、水资源、森林、海洋、海岛等的生态保护法制建设。一部分学者着眼于区域，重点研究了珠江流域、汉江流域、大沽河流域、三江源地区、黄河三角洲、青藏高原、西双版纳、西部地区、贵州、陕西等地区的生态保护法制建设。还有一部分学者聚焦民法、国土资源法、刑事法律制度等法律中缺失生态保护内容，以及生态保护司法体系的不健全、生态保护立法滞后等问题。学者们一致认为建设美丽中国和生态文明，需要法律制度保驾护航；呼吁转变立法观念，树立绿色理念和可持续发展理念[33]；构建综合法、单行法、区域法等相辅相成的生态保护法律体系[34]，建立健全生态保护红线的法律保障体系；加大生态保护执法力度，完善生态保护监管体制，保障相关部门协作发挥作用；严格执行生态补偿与生态税收政策、环境监测制度、生态保护评估制度、生态保护绩效考核制度，完善落实公众参与制度。

生态保护红线是生态环境安全的底线，旨在为重要生态功能区、生态敏感区、生态脆弱区等划定最小生态保护空间，是我国生态保护法制建设的核心举措。自生态保护红线概念问世以来，研究者就北京市、湖南省、杭州市、宜昌市、广东

第二章 文献综述

省大鹏半岛等地区的生态保护红线问题展开研究,认为生态保护红线是保障和维护生态安全的最基本要求,是实施主体功能区划的有效载体,是生态文明制度建设的关键步骤和可持续发展与代际公平的有力保障。因此,应明确生态保护红线在法律层面的新内涵,在国家层面要明确生态保护红线划定和管理的组织实施方式,高度重视生态保护红线划定工作,将生态保护红线纳入国土和城市规划,实现多规合一,在生态保护红线划定实践中应以生态功能模式为主,依次划定重点生态保护区域红线、生态脆弱区域红线、生态敏感区域红线,确定区域内生态保护的重点与方向[35]。要建立和完善生态红线体系,必须严格执行管控措施,在生态红线性质不转换、功能不降低、面积不减少、责任不改变的基础上,建立生态保护红线统筹管理机制;制定生态保护红线地方性法规,建立健全越线责任追究制度、生态产品有偿补偿制度、差异化管控制度、监测评估制度、公众参与制度及政府绩效评估制度,构建多元化成效评估与考核办法[36],形成包含技术、法律、行政、经济和宣传教育在内的,能真正落地的生态保护红线综合体系。

生态补偿是生态保护的重要举措,也是生态保护法制建设的重要内容。近年来,国内学者重点围绕草原、流域、森林等领域的生态补偿展开了研究。我国实施包括禁牧补贴、草畜平衡奖励、牧草良种补贴、牧民生产资料综合补贴和绩效考核奖励等内容的草原生态保护补助奖励政策后,天然草原生态状况持续好转、农牧民增收明显、畜牧业生产方式转型升级加快,但在实施过程中由于宣传力度不够、草畜平衡意识不足、配套政策与设施建设滞后、考核检查制度不完善,加之草原面积核实确权难度大、补奖资金发放不到位、政策不稳定、牧民保护生态环境的积极性不高,超载过牧依然存在。为此,学者们建议科学划分生态区域,划清林草界限,明确林草权属,明确补奖范围;适度增加补奖额度,分类落实补奖政策,加快补奖金发放速度;完善草原法律法规,建立补奖制度保障,合理确定补偿标准和期限;建立草原生态建设补偿长期投融资机制,完善和创新草原产权制度,健全草原生态补偿的组织管理体系,实施牧区剩余劳动力转移和产业转型战略[37];加大对牧民(包括管护员)草原生态补助奖励政策、禁牧休牧、草畜平衡等法律法规的培训;建立健全监督体系,完善管理机制和补奖后评估制度;健全牧区社会保障制度,促进草原生态保护补助奖励政策法律化[38]。

针对流域生态补偿,研究者认为应将流域生态资源保护和利用的权利冲突协调作为建立补偿制度的核心指向,实行单向补偿,即下游受益者对上游保护者的补偿。可将下游获得的环境效益,流域区内各行政区生态建设成本与生态效益的差额或生态重建成本作为补偿标准;补偿资金筹措应在坚持纵向补偿(政府财政)为主、横向补偿(市场调节)为辅的前提下由流域内受益的相关行政区域分摊[39],利益关系方的共同上一级财政是主要支付者。通过资金、实物、项目、政策、智力等补偿方式,回报流域内上游地区在生态保护方面付出的代价[40]。

二、国外生态保护研究

近年来，国际学术界从生态系统服务视角对森林、草原、河流、湿地等生态系统的服务价值、付费标准等热点问题进行了较为深入的研究。

（一）生态系统服务及价值研究

生态系统服务概念问世于 20 世纪 70 年代的关键环境问题研究，《人类影响与全球环境》指出自然生态系统具有气候调节、物质循环、昆虫授粉和害虫控制等环境服务功能[41]，随后将其拓展为包括土壤肥力和基因库维持的全球环境服务功能。1977 年 Westman 将其演化为自然服务功能，并指出生物多样性丧失会直接影响生态系统的服务功能[42]，最后 Ehrlich 等将其确定为"生态系统服务"。

与此同时，国际学术界采用各种定量研究方法评估生态系统服务的价值。Daily 率先对不同生态系统的服务功能及价值评估展开专题研究[43]。1997 年 Costanza 等估算了全球生态系统服务的价值，并以货币形式测算了 10 种生物群系的价值，估计全球生态价值为 $16\times10^{12}\sim54\times10^{12}$ 美元/年。其中，草原具有涵养水源、气候调节、控制风沙侵蚀等 9 项服务功能，其价值为 0.906×10^{12} 美元/年，相当于当时全球 GDP 的 5%[44]，Pimentel 等也测算出全球和美国生物多样性的经济与环境价值分别为 2928×10^9 美元和 319×10^9 美元[45]。2000 年 Loomis 等采用积木式方法探索了在受损的普拉特河开展废水稀释、水体自然净化、侵蚀控制、鱼类和野生动物栖息地恢复，以及休闲娱乐等五项生态系统服务修复的经济价值，并测算出沿河居民每年应当支付的生态系统服务费用[46]。Seidl 和 Moraes 以 Costanza 的研究为基础，估算巴西潘塔纳尔地区湿地的生态服务价值以便了解潘塔纳尔地区居民从环境管理中受益的潜力，发现供水和扰动调节占总估算值的 2/3，废物处理、文化价值等占 6%~9%，营养循环、娱乐和生境价值仅占 1.5%~3%[47]。Patterson 用生态定价理论和方法，测算出 1994 年全球生物圈的初级生态服务总价值近 25 万亿美元[48]。van Beukering 等采用动态模拟模型，测算出印尼苏门答腊北部的莱瑟国家公园（Leuser National Park）2000~2030 年的生态系统经济价值在"毁林情景"下为 70 亿美元，在"保护情景"下为 95 亿美元，在"选择性利用情景"下为 91 亿美元，并且认为保护莱瑟国家公园生态系统有利于除伐木业主和种植业主之外的所有相关利益者[49]。

（二）生态系统服务费研究

生态系统服务费（payment for ecosystem services，PES）通过向自愿参与的环境服务提供者有条件地付费以获得额外环境服务供给，它是社会成员之间的资源转移，意在自然资源管理中形成一种激励，促使个人或者集体采取符合社会利益的土地利用决策[50]，具有现实性、透明性、自愿性、条件性、额外性及利于穷人等属性[51]。理想的 PES 是一种市场化的保护机制，需要满足自愿交易行为、界定明确的生态系统服务、至少有一个服务购买者及服务提供者保证提供生态系统服务等条件。

Moran 等调查发现不同地区居民均有为生态系统服务付费的意愿。苏格兰地区居民愿意通过向政府缴税的方式支付生态系统服务费，以保护生态环境[52]。问卷调查发现哥斯达黎加本地居民，以及在该地区旅行的外国游客都愿意为生态环境服务支付更多的费用，以促进自然保护与风景美化[53]。96.5%的新西兰农民支持生态补偿政策，83%的人认为生态补偿政策有助于可持续发展[54]。

（三）生态补偿研究

生态补偿是发展过程中生态服务功能或环境质量损害的一种补偿手段，旨在改善被损害区域的环境质量或新建具有类似环境质量及生态服务功能的区域。从广义上讲，生态补偿是对生态功能服务交易、付费、赔偿或奖励的综合体，是一种有助于提升自然资源管理效率的经济激励措施，生态补偿须遵循可操作性、自愿性、条件性和公平性原则[55]。生态补偿的主体包括生态服务的卖方和买方，其中，卖方是生态服务的提供者，买方可以是生态服务的使用者，也可以是代表生态服务使用者的第三方（如政府、非政府组织等）。在西方国家，由于土地私有，生态补偿的卖方通常是土地所有者[56]；如果生态补偿项目涉及保护区等公共土地或社区的集体土地，政府或社区也可以成为某些生态补偿项目的卖方，也应当得到相应的补偿[57]。一般认为生态服务价值可作为生态补偿标准的理论上限，而现实的生态补偿标准应以普遍接受的补偿行为所产生的机会成本为主[58]；在通常情况下，生态补偿标准要大于生态服务提供者的机会成本，小于生态服务对受益者的价值[59]。一些学者的实证研究发现采用使用者补偿方式往往比政府补偿方式更有效率，原因在于生态服务的使用者具有监督生态补偿项目有效运行的动机，能直接察觉到是否得到了有效的生态服务，且在必要时可以终止或者再协商补偿协议[60]；也有学者认为政府补偿方式比使用者补偿方式更加成功、有效，究其原因在于生态服务是公共物品，随着生态服务使用者的增加，交易费用和搭便车现象可能增多，而政府补偿方式具有交易费用规模效应和克服使用者搭便车的能力[56]，从实践来看，发达国家或发展中国家的大多数生态补偿项目都是大规模的政府补偿。Sierra 和 Russman 在调研哥斯达黎加生态补偿效率时发现，直接对个人补偿的激励效果更好、补偿效率更高[61]；Alix-Garcia 等认为在生态补偿过程中风险式付费方式较均衡式付费方式的补偿效果更明显，且更适合于对贫困对象的补偿[62]；通过生态补偿，不仅能够产生环境效益，也会产生良好的社会效应，Pagiola 等发现生态补偿不仅能保护当地环境，还能让当地居民增收，促进社会稳定与经济发展[63]。

（四）生态保护的公民参与研究

Charnley 和 Engelbert 认为环境管理者应当高度重视环境决策时的公众参与，并建议通过邮件调查以获得公众反馈意见[64]；Sinclair 和 Diduck 呼吁通过建立容易访问、方便检索和浏览包括环境评估信息（包括相关法律案件、环境评估的案例材料）的电子图书馆，或与决策者一起讨论、解决政府机构难以处理的问题等措施创新公民参与环境评估的方式[65]。原田尚彦主张以《环境法》为指导，明确规定公众参与环境保护的权利，并在各种单行法中详细规定公民参与生态环境保护的方式、途径。波尼和波义尔认为环境人权更关注环境信息知情权、获得司法救济权，以及参与环境决策权等程序性权利，而非环境质量问题；生态环境保护不只是政府的责任，也是公众参与公共事务的要求所在[66]。

第三节 旅游扶贫与生态保护耦合研究

近年来，随着国内旅游业的环境影响日渐增强和加强生态文明建设、保障生态安全的呼声日益高涨，旅游与环境两大系统的耦合发展问题逐渐成为国内学术界研究的热点。近年来国内学术界取得的主要成果有：一是确定了科学性、关联性、可操作性、可获得性和系统性等旅游系统与环境系统综合评价指标体系的构建原则[67,68]。二是从不同角度构建了旅游与环境两大系统耦合的综合评价指标体系。其中，旅游系统评价指标除国内游客量、入境游客量、国内旅游收入、入境旅游收入、旅游收入占国内生产总值（gross domestic product，GDP）的比重等被普遍采用的共识性指标外，还涉及旅游饭店营业收入、旅行社营业收入、旅游景区营业收入、第三产业产值、第三产业占国内生产总值的比重、旅游总人次、旅游总收入、旅游者停留天数、游客人均消费额、星级酒店数、限额以上企业商品销售总额、限额以上住宿企业从业人员数、限额以上餐饮企业从业人员数、旅游公路里程、旅行社、旅游景区、其他旅游企业、旅游从业人数、旅游者占区域总人口的比例、旅游从业者占区域总人口的比例、全员劳动生产率、百元固定资产创造的营业收入、展览场馆标准展位数、饭店客房出租率、旅行社投保责任险率、旅游投诉圆满解决率等部分学者在共识性指标基础上增加的个别性指标[69-71]。环境系统除涉及工业污水排放量、工业废气排放量、固体废物综合利用率、空气质量优良天数比、人均公共绿地面积、建成区绿化覆盖率、污水处理率、垃圾处理率、区域噪声均值等普遍采用的评价指标外，个别学者还使用了造林面积、可吸入颗粒物浓度、道路交通噪声值、人均拥有道路面积、化学需氧量（chemical oxygen demand，COD）排放量、烟尘控制区面积、环保从业者人数、保护区占区域总面积之比、环保投入、饮用水源地水质达标率、森林覆盖率、年降水量和人均耗水量等评价指标[68, 72]。三是在建立系统耦合模型的基础上采用耦合度[70, 73]或耦合协调度系数[71, 74]等评判标准，针对不同空间尺度如秦皇岛、大连、天津、上海、北京、西安、兰州、南京、哈尔滨等不同等级与规模的城市，湖南、安徽、新疆、宁夏、广东、黑龙江等省区或经济区域如山东半岛蓝色经济区、辽宁沿海经济带、中国沿海省区和中国旅游城市等展开实证研究，发现上海、西安、南京、兰州、宁夏、安徽、广东、新疆等研究区域旅游与环境的耦合协调度系数呈现出由低向高逐步上升状态，北京、哈尔滨、新疆等研究区域旅游与环境的耦合度系数则呈现先升后降波动起伏状态[72, 75-78]。

尽管学者们认为旅游扶贫与生态保护存在对立统一的辩证关系，但目前尚无人专门研究旅游扶贫与生态保护的耦合关系。一些学者认为生态补偿制度、政府主导的合作博弈生态保护协同行动模式、加强旅游扶贫管理和改善生态环境、实施联动开发战略均能促进旅游扶贫与生态保护良性互动。

国外学者的研究重心在于评估旅游业对生态环境的影响及其减贫作用，尚无专题研究旅游扶贫与生态保护耦合关系的相关成果。

纵观国内有关旅游与环境耦合关系的研究成果，我们发现：一是国内学者选用的评价指标极不一致。首先，评价指标的数量不一致。旅游与环境系统的评价指标最少者只有5项[79]，最多者达到25项，甚至42项[73]。其次，不同学者在研究同一区域时使用的评价指标不一致。何昭丽研究新疆的评价指标各有5项[79]，而董琳琳选用的评价指标分别是11项和14项[77]；庞闻等研究上海的评价指标分别是7项和9项[74]，而崔峰采用的评价指标各为9项[80]；庞闻等在研究西安时所用指标分别是7项和10项[81]，而马梅芳和马耀峰选用的评价指标则是8项和14项[82]。最后，同一学者在研究同一区域或不同区域时采用的评价指标也不一致。庞闻等研究西安时采用有关生态环境系统的评价指标分别是9项和10项（增加垃圾处理率指标）[75, 81]，翁钢民和鲁超研究秦皇岛时选用的评价指标分别为9项[67]，而翁钢民和周艳丽在研究北戴河时则选用了17项和35项[70]。二是旅游与环境系统耦合状态的评判标准不一致。有的学者采用耦合度（角度）来评判两大系统的耦合状态，有的学者则采用耦合度系数（数值）来评判其耦合状态，尤其是采用耦合度系数这一评判标准时，相关学者均采用主观赋值法为旅游与环境两大系统设定权重，权重赋值不同，耦合度系数就具有明显差异。由于上述两个问题的存在，一方面，同一时期同一区域旅游与环境两大系统耦合状态的研究结果就可能完全不同。马梅芳和马耀峰算出的西安2005~2009年的耦合度系数分别是0.209、0.406、0.564、0.500和0.736，耦合状态分别是中度失调、濒临失调、勉强协调、勉强协调和中级协调[82]；而庞闻等算出同时期西安的耦合度系数分别是0.648、0.808、0.828、0.790和0.868，耦合状态则变成了初级协调、中级协调、良好协调、中级协调、良好协调[81]。何昭丽算出2005~2010年新疆的耦合度系数分别是0.254、0.260、0.376、0.328、0.347和0.546，耦合状态分别是中度失调（2005~2006年）、轻度失调（2007~2009年）、勉强协调（2010年）[79]；而董琳琳算出同时期新疆的耦合度系数则是0.601、0.607、0.623、0.661、0.639和0.753，耦合状态都是中级协调[77]。另一方面，耦合协调度系数难以避免"伪协调发展"现象，因为系数的大小取决于两大系统演化速度的快慢和演进趋势是否一致。当两大系统的演化速度接近或演进趋势趋于一致时，耦合协调度系数的数值就大，相反其数值就小；在这种情况下，当旅游与环境两大系统相互约束胁迫增强，两大系统都处于衰退状态时仍可能得到更高的耦合协调度系数，从而得出两大系统处于"高水平协调阶段"的结论。因此，构建科学的评价指标体系和选择科学的评价方法仍将是学术界亟待解决的关键问题。

第三章 旅游扶贫与生态保护耦合的理论基础

本章重点阐释利益相关者理论、社区参与旅游发展理论等旅游扶贫理论，生态系统理论、可持续发展理论等生态保护理论，以及系统论、协同论和耗散结构论等耦合理论的演进过程、代表人物、基本理论，阐明其在连片特困地区旅游扶贫与生态保护耦合研究中的借鉴价值。

第一节 旅游扶贫的理论基础

一、利益相关者理论

利益相关者理论（stakeholder theory）是 20 世纪 60 年代针对欧美国家面临的社会责任、生态环境与企业管理问题，以及股权至上理论而提出的一种新的管理理论。1963 年斯坦福研究院首次提出"利益相关者"（stakeholder）概念，将利益相关者视为一些没有他们的支持，企业就无法生存的利益群体。1965 年美国学者安索夫率先将利益相关者概念引入管理学、经济学界，认为企业要确定一个理想的目标，应当综合平衡考虑企业诸多利益相关者，如管理人员、员工、股东、供应商乃至分销商的索取权。1984 年弗里曼在《战略管理：利益相关者管理的分析方法》一书中将利益相关者解释为能够影响组织实现目标，或受到组织实现目标过程影响的人。1988 年弗雷德里克将利益相关者分为直接和间接利益相关者两大类。1997 年米切尔运用属性评分法建立了利益相关者界定的动态模型，并从合法性、权力性和紧迫性三个属性将企业的利益相关者划分为确定型利益相关者、预期型利益相关者及潜在型利益相关者三大类，当其某种属性消失，一种利益相关者就可能变成另一种利益相关者,甚至不再是利益相关者[83]。

针对不同类型的利益相关者,组织应当采取不同的管理策略。首先,潜在型利益相关者威胁小、支持少,应采用维持型管理策略,因为这些利益相关者对组织决策的影响不是很重要,最佳选择就是维持现状。其次,对不可预测但可管控的预期型利益相关者,可采取摇摆型管理策略,因为这些利益相关者对旅游企业决策的影响大,态度摇摆不定。因此,组织的最佳选择就是静观其变,等待他们态度变得明朗时,再采取应对措施。再次,对影响大但可预测的预期型利益相关者可采取进攻型策略,因为这些利益相关者支持组织决策的可能性高,如果企业抢占先机,主动争取,很有可能争取到这些利益相关者的更大支持。最后,确定型利益相关者对组织而言,可能存在最大的危险,也可能存在更多的机会,可采取防御型管理策略,因为这些利益相关者的态度既可能成为组织决策的最大支持,也可能成为最大障碍。因此,任何组织都要积极防御,谋划应急预案,才能确保组织决策的顺利实施。

1999年利益相关者理论开始运用于旅游业。联合国世界旅游组织(World Tourism Organization,UNWTO)发布的《全球旅游伦理规范》首次使用了"利益相关者"概念,并制定了旅游行业不同利益相关者的行为参照标准。J. Robson和I. Robson认为旅游企业的利益相关者通常包括饭店、旅游区、旅游中间商、股东、员工、旅游者、目的地居民和政府等[84]。Sautter和Leisen描绘了以旅游规划为核心的旅游业利益相关者图谱(tourism stakeholder map),涉及旅游规划师、本地商户、本地市民、积极团体、游客、国家商务链、竞争者、政府部门和员工等[85]。

旅游业中的利益相关者之间的关系体现为对某种资源和利益的追求而形成的既合作又竞争的竞合关系。首先,它是建立在某种利益基础上的合作关系,各方共存共荣,结成一个社会网络组织。其次,各方为获取更多利益的逐利本性又导致竞争,体现为一种竞争关系。因此,在发展旅游的过程中需要建立起各方共同参与、相互合作协调、整体认同、兼顾多方利益,包括政府、旅游企业、旅游者、社区居民等在内的多中心治理模式[86]。

二、社区参与旅游发展理论

社区参与旅游发展是指旅游社区的政府或非政府机构介入社区旅游业发展时,让社区居民参与社区旅游发展规划、项目开发及其他相关事务,分担社区旅游发展责任和分享社区旅游发展成果。

1985年P. E. Murphy在《旅游:社区方法》一书中首次引入社区参与概念,

他认为旅游发展能带来巨大的经济社会效益,如果能让其摆脱纯商业化运作模式,而从生态环境和当地居民角度出发,将旅游视为一种社区活动来管理,一定能够获得更佳的效果,这就是社区方法。1997年6月,联合国世界旅游组织等联合发布《关于旅游业的21世纪议程——实现与环境相适应的可持续发展》,指出可持续发展的旅游业必须保证包括妇女和当地人在内的社区成员都能享受旅游所带来的益处[87]。

社区参与旅游的主体除作为自然人的社区居民外,还包括社区内的政府、企业和社会团体等法人。社区参与旅游的客体是社区的各种事务,即以社区旅游业发展为中心的社区政治、经济、文化与社会发展。

社区参与旅游发展的途径主要有:①社区居民参与社区旅游决策。社区居民尤其是要针对社区旅游发展的战略方向与目标、参与旅游发展的途径等核心问题提出意见与建议。②社区居民参与社区旅游市场与产品调查,市场营销推广、旅游经营与服务活动及社区旅游收益分配等旅游经济活动。③社区居民参与社区诸如自然资源、文化资源的保护与利用,社区生活环境与生态环境保护等旅游资源环境保护。④社区居民参与诸如旅游意识、环境意识教育及增强旅游发展能力的技能培训等教育培训。

社区参与旅游发展理论为贫困社区居民参与旅游发展提供了理论依据和现实路径,为旅游扶贫取得实效奠定了理论基础。

第二节 生态保护的理论基础

一、生态系统理论

生态系统(ecosystem,ECO)是指在自然界的一定空间内,由相互影响、相互制约且在一定时期内处于相对稳定的动态平衡状态的生物与环境构成的统一体。1935年,英国植物生态学家坦斯利(A. G. Tansley)将热力学能量循环思想引入生态系统研究中,认为生物和环境之间形成了一个彼此依赖、不可分割的自然生态系统,并首次明确提出生态系统概念。美国学者林德曼(R. L. Lindeman)创立了著名的生态系统能量流动不可逆转且逐级递减的林德曼定律。

生态系统由非生物环境和生物群落构成,两者缺一不可。其中,非生物环境包括能源、气候、基质介质和物质代谢原料,是构成生态系统的基础,直接决定了生态系统的复杂程度和生物群落的丰度。生物群落则由生产者、消费者和分解者构成。生产者主要是各种绿色植物,也包括化能合成细菌和光合细菌,它们在生物群落中发挥基础性作用,将非生物环境中的能量同化,以维持生态系统稳定。分解者是以各种细菌和真菌为主的异养生物,它们将各种没有生命的有机质分解成水、二氧化碳和铵盐等物质,以便生产者重新利用,进而完成物质循环。消费者是依靠摄取其他生物为生的异养生物,包括动物和部分微生物,它们通过捕食和寄生关系传递能量。一个生态系统只要有生产者和分解者,就可以运转;消费者相当于催化剂,在生态系统中发挥加快能量流动和物质循环的作用。

生态系统具有以下特点:①整体性。生态系统是由生物群落与非生物环境构成的有机整体。②反馈性。反馈包括正反馈和负反馈。其中,正反馈可以增强系统功能,负反馈则会削弱系统功能,两者交互作用、相辅相成,从而维持生态系统的平衡。③开放性。任何生态系统都是开放的,以便生态系统能够不停地和外界进行信息、物质、种群、能量等动态交换。④可持续发展性。自然生态系统持续为人类发展提供丰厚的物质条件,其可持续性能够不同程度地降低人类对自然的胁迫,维持其可持续发展。

生态系统可分为自然生态系统和人工生态系统两大类。自然生态系统包括水域(海洋、湿地)和陆地(森林、草原、荒漠)生态系统。人工生态系统可以分为农田、城市等生态系统。

在任何一个正常的生态系统中,生产者、消费者和分解者之间保持相对平衡,使系统的能量流动和物质循环较长时期地保持稳定,即实现生态平衡。如果人类活动干扰超出了生态系统的自我调节能力,就会导致生态失衡。大量事实证明,人类活动干扰会影响生物地球的化学循环,改变生物的种类与数量,使生态系统的多样性减弱,导致生态系统结构缺损等,从而使人类赖以生存和发展的环境条件遭到破坏。

生态系统理论告诉我们:人类活动都必须以维护生态系统稳定与平衡为基本前提,如果放弃这一前提,就可能造成生态系统失衡,进而影响人类的正常活动。

二、可持续发展理论

1987年联合国世界环境与发展委员会(World Commission on Environment and Development,WCED)发表《我们共同的未来》,正式提出"可持续发展"概念与模式,受到各国政府与舆论的广泛关注。1992年联合国环境与发展大会通过《21世纪议程》《联合国气候变化框架公约》等,提出可持续发展战略,并在全球范围内付诸行动。

可持续发展理论强调:①公平性。主要强调本代人之间的横向公平与代际的纵向公平。可持续发展既要满足当代所有人的基本需求和追求美好生活的愿望,更要对未来各代人的需求负起责任。②持续性。要求人们按照可持续理念调整生活习惯与生活方式，在生态环境能够承受的范围内确定自己的消耗标准，合理开发利用资源，使再生性资源保持再生产能力，非再生性资源不至于被过度消耗。③共同性。要实现可持续发展目标，必须全球共同行动。

可持续发展关注经济增长，特别强调既要重视经济增长数量，更要关注经济增长质量。可持续发展的标志是资源的永续利用和良好的生态环境，应当在保护环境和资源永续利用的前提下发展经济，以可持续理念指导资源的开发利用，将人类发展控制在地球承载力之内。可持续发展在于追求社会全面进步，改善人类的生活品质，提高人类健康水平。因此，在可持续发展系统中，基础是发展经济，前提条件是保护生态环境，目的是促进社会进步，进而实现自然-经济-社会复合系统持续、稳定、健康发展[88]。

伴随着旅游业发展对自然生态环境的依赖度增加，对自然生态系统的稳定性和持续性的影响加剧，可持续旅游发展理念萌生。1990年在加拿大温哥华召开的全球可持续发展大会上，旅游组行动策划委员会提出了《旅游持续发展行动战略》草案，并将可持续旅游发展明确定义为：可持续旅游发展在于有效管理所有资源以满足社会经济与美学需求，维持文化完整性、生物多样性和生命支持系统。1995年可持续旅游发展世界会议发布《可持续旅游发展宪章》和《可持续旅游发展行动计划》，并将可持续旅游发展目标表述为：帮助人们正确认识与理解旅游业产生的经济与环境效应，强化人们的生态环境保护意识；促进旅游公平发展；改善旅游目的地的生活质量；为旅游者提供高品质的旅游体验；保护未来旅游开发赖以生存的环境。

可持续旅游发展的思想实质在于经济增长是实现可持续旅游发展的前提，公平分配、享用有限的旅游资源，特别是不可更新的旅游资源是实现可持续旅游发展的保证，在旅游环境承载范围内开发利用旅游资源和发展旅游业是实现可持续旅游发展的关键。也就是说旅游与自然、经济、社会应成为一个有机和谐的整体，以实现旅游的社会效益、经济效益与生态效益的有机统一。

第三节 旅游扶贫与生态保护耦合发展的理论基础

一、系统论

系统论是研究系统的一般模式、结构与规律的方法论。美国学者贝塔朗菲于1937年首次提出"一般系统论"概念，并阐述了系统的整体、动态与等级观点，

1945年《关于一般系统论》的问世被视为系统论形成的标志,而1968年出版的《一般系统论——基础、发展和应用》成为一般系统论的经典性著作。系统论主要研究各个系统的共同特征,运用数学方法定量分析其功能,探寻并确定具有逻辑性的、对所有系统都适用的原则、数学方法和原理[89]。

系统是由相互作用和相互依赖的若干组成部分(要素)结合而成的,具有特定功能的有机整体。系统论认为每个系统均按各自的方式将众多要素组合在一起,构成系统的各个要素相互依赖、相互制约,最终形成一个具有特定结构和功能的有机整体。任何系统都是一个有机的整体,且与外界时刻保持着物质、能量和信息交换。世界上任何事物均可视为一个系统,也就是说世界是由各种系统组成的。

系统论认为:①系统具有整体性。这是系统的本质特征,也就是说系统体现的是诸要素集合起来的整体性能,各要素之间既相互联系又相互制约,每个要素在系统中都发挥着特殊作用;如果某个要素发生变化,就会引起其他要素乃至整个系统发生变化。②系统具有层次等级性。要素构成系统,且可划分为一系列等级。也就是说,某一要素既是系统的子系统,又是由更低一级的子系统构成的。③系统具有动态性。任何系统发生变化是绝对的,而不变则是相对的。④系统具有开放性。系统不断从外界环境输入或输出物质、能量和信息[90]。

二、协同论

协同论是研究系统内各子系统通过非线性交互作用而产生协同效应,进而引起系统结构有序演化的自组织理论。协同论将研究对象视为由各组元、部分或子系统之间借助于物质、能量与信息交换等而产生相互影响、相互作用的完整系统;通过相互影响与作用,整个系统将产生各组元、部分或子系统所不具有的整体效应,或者演化成全新的系统。协同论主要研究远离平衡态的开放系统在与外界交换物质或能量时,如何发挥自身的协同作用,自发形成有序结构;协同论提出了多维相空间理论,建立了一系列的数学模型,描述了系统从无序到有序转变的共同规律。

协同论的核心内容包括:①协同效应。是指系统内部各组元、部分或子系统交互作用而产生的任何子系统都无法实现整体效益。无论是自然系统还是社会系统在外力作用下或物质聚集态达到临界点时,子系统之间都会产生协同作用,使系统发生质变产生协同效应,使系统从无序向有序转变,系统结构趋于稳定。②支配原理。各子系统对整个系统的影响不均衡,如果未达到临界点时,各子系统的影响不均衡性暂时不会表现出来。当控制变量变化,使系统逼近其临界点,其影响不均衡性显现出来,于是就可区分系统内的快变量与慢变量;慢变量决定整个系统的演化进程，支配和决定快变量的行为，使快变量随慢变量的变化而变化。由此可见，在系统中，快变量受制于慢变量，序参量支配着子系统的行为。③自组织原理。自组织是相对于他组织而言的，指系统在没有外力干预的条件下，子系统能按照一定规则自发形成一定结构，具有明显的自生性。

三、耗散结构论

耗散结构论是以比利时物理化学家普里高津为首的布鲁塞尔学派提出的一种广义热力学理论。1967年普里高津首次提出"耗散结构"概念，1969年在"理论物理与生物学"国际会议上提出了耗散结构论。耗散结构论研究远离平衡态的开放系统通过不断与外界交换物质和能量，系统可能从无序状态转变为时间、空间或功能的有序状态，即耗散结构形成的条件、规律与特点。耗散结构是在远离平衡区的非线性系统中产生的一种稳定化的自组织结构。当一个远离平衡态的非线性的开放系统（包括物理、化学、生物乃至社会、经济的系统）通过不断与外界交换物质和能量，在外界条件的变化达到一定的"阈值"时，系统可能由原来的无序混乱状态转变为一种在时间上、空间上或功能上的有序状态，这种在远离平衡的非线性区形成的新的稳定的宏观有序结构，需要不断与外界交换物质或能量才能维持，因此被称为耗散结构。由于系统在一定条件下能够自行产生组织性和相干性，耗散结构论也被叫作非平衡系统的自组织理论。

耗散结构的形成，一般依赖四个条件：①系统必须是开放的。根据热力学第二定律——熵在孤立的系统中不可减少。因此，耗散结构论认为对于孤立的系统来说，熵是不断增加的，系统的变化趋势是从有序到无序，而开放的系统会与外界不断交换物质和能量，这样就能够从外界获取负熵用来抵消自身熵的增加，系统就可以由无序向有序、由简单向复杂演化。②远离平衡态。在外界作用下，开放系统会离开平衡态，开放逐渐扩大，外界对系统的影响也逐渐变强，将系统从近平衡区逐渐推向远离平衡的非线性区，此时系统才有可能形成有序结构，否则即使开放，也不能形成有序结构。③非线性作用。组成系统的子系统之间存在着相互作用，且一般情况下不满足叠加原理，是非线性的。也就是说系统的某一要素发生变化引起其他要素的变化是不成比例的，正因为如此，由子系统形成系统时，会显现出新的功能。④涨落，即对系统稳定状态的偏离，这是实际存在的一切系统的固有特征。对于远离平衡态的非平衡态系统，随机的小涨落有可能迅速放大，使系统由不稳定状态跃迁到一个新的有序状态，从而形成耗散结构[91]。

耗散结构的熵用来表示系统的无序程度，系统的无序程度越高，熵就越大。对于一个与外界没有任何交换的孤立系统来说，其熵总是在这个系统朝着无序的平衡状态发展的过程中不断增加，当熵最大时，系统发展到平衡状态。因此，孤立系统形成耗散结构是不可能的。而一个开放的远离平衡态的耗散结构系统，可以与外部环境发生物质、信息和能量的交换，所以系统的熵不是恒定的。此时系统的熵变量 dS 一部分是由系统本身不可逆过程所引起的熵的增加，即熵产生 d_iS，另一部分是系统与外界交换所引起的熵的变化，即熵流 d_eS。$d_iS \geq 0$，通过 d_iS 的引入来改变系统的有序程度[73]。因此，开放系统的总熵 dS 等于熵产生与熵流之和，即 $dS = d_iS + d_eS$。依据耗散结构论，可用系统的熵变来判断开放系统的有序变化及发展方向。当 $dS > 0$ 时，系统的总熵增加，有序度降低，系统朝无序方向发展；当 $dS = 0$ 时，系统的有序度不变；当 $dS < 0$ 时，系统的总熵减少，有序度增加，系统朝有序方向发展[73]。

第四章 连片特困地区旅游扶贫与生态保护实践

本章阐释连片特困地区的基本内涵和显著特征,揭示连片特困地区旅游扶贫与生态保护的发展历程、具有典型意义的旅游扶贫模式和生态保护工程。

第一节 连片特困地区

一、连片特困地区的缘起与界定

"连片特困地区"有狭义与广义之分,狭义的连片特困地区可由相连接的两个或两个以上行政村或乡镇构成。广义的连片特困地区可由两个或两个以上县或市或省区构成。不管是狭义的还是广义的连片特困地区,一般都在村与村、乡与乡、县与县、市与市,甚至省区与省区的结合部。现阶段所说的"连片特困地区"是指在自然历史、民族宗教、社会政治因素的影响下,一般经济增长和常规扶贫手段难以解决贫困问题、扶贫开发周期长、空间位置相对集中的连片贫困地区和特殊困难地区。早在1986年扶贫工作初始之时,全国就确定了18个贫困地区,由于减贫脱贫效果不理想,逐渐被贫困县取代。在扶贫实践中,由于部分贫困地区的连片综合治贫效果好,"连片特困地区"又重新被启用[92]。2012年6月国务院扶贫办按照《中国农村扶贫开发纲要(2011—2020年)》(中发〔2011〕10号)的要求,依据"集中连片、突出重点、全国统筹、区划完整"原则,在全国确定了六盘山区、秦巴山区、大别山区、武陵山区、乌蒙山区等11个片区,加上已经实施特殊扶持政策的西藏、四省藏区和新疆南疆三地州,共计14个片区,涉及全国21个省(自治区、直辖市)、130个地市州、680个县(表4-1、表4-2),

作为新阶段我国扶贫攻坚的主战场。

表 4-1　2012 年全国连片特困地区名单

分区	省（自治区、直辖市）名	地/市/州名	县名
六盘山区（61）	陕西（7）	宝鸡市	扶风县、陇县、千阳县、麟游县
		咸阳市	永寿县、长武县、淳化县
	甘肃（40）	兰州市	永登县、皋兰县、榆中县
		白银市	靖远县、会宁县、景泰县
		天水市	清水县、秦安县、甘谷县、武山县、张家川回族自治县、麦积区
		武威市	古浪县
		平凉市	崆峒区、泾川县、灵台县、庄浪县、静宁县
		庆阳市	庆城县、环县、华池县、合水县、正宁县、宁县、镇原县
		定西市	安定区、通渭县、陇西县、渭源县、临洮县、漳县、岷县
		临夏回族自治州	临夏市、临夏县、康乐县、永靖县、广河县、和政县、东乡族自治县、积石山自治县
	青海（7）	西宁市	湟中县、湟源县
		海东地区	民和回族土族自治县、乐都县、互助土族自治县、化隆回族自治县、循化撒拉族自治县
	宁夏（7）	吴忠市	同心县
		固原市	原州区、西吉县、隆德县、泾源县、彭阳县
		中卫市	海原县
秦巴山区（75）	河南（10）	洛阳市	嵩县、汝阳县、洛宁县、栾川县
		平顶山市	鲁山县
		三门峡市	卢氏县
		南阳市	南召县、内乡县、镇平县、淅川县
	湖北（7）	十堰市	郧县、郧西县、竹山县、竹溪县、房县、丹江口市
		襄樊市	保康县
	重庆（5）	重庆市	城口县、云阳县、奉节县、巫山县、巫溪县
	四川（15）	绵阳市	北川羌族自治县、平武县
		广元市	元坝区、朝天区、旺苍县、青川县、剑阁县、苍溪县
		南充市	仪陇县
		达州市	宣汉县、万源市
		巴中市	巴州区、通江县、南江县、平昌县

续表

分区	省（自治区、直辖市）名	地/市/州名	县名
秦巴山区（75）	陕西（29）	西安市	周至县
		宝鸡市	太白县
		汉中市	南郑县、城固县、洋县、西乡县、勉县、宁强县、略阳县、镇巴县、留坝县、佛坪县
		安康市	汉滨区、汉阴县、石泉县、宁陕县、紫阳县、岚皋县、平利县、镇坪县、旬阳县、白河县
		商洛市	商州区、洛南县、丹凤县、商南县、山阳县、镇安县、柞水县
	甘肃（9）	陇南市	武都区、成县、文县、宕昌县、康县、西和县、礼县、徽县、两当县
武陵山区（64）	湖北（11）	宜昌市	秭归县、长阳土家族自治县、五峰土家族自治县
		恩施土家族苗族自治州	恩施市、利川市、建始县、巴东县、宣恩县、咸丰县、来凤县、鹤峰县
	湖南（31）	邵阳市	新邵县、邵阳县、隆回县、洞口县、绥宁县、新宁县、城步苗族自治县、武冈市
		常德市	石门县
		张家界市	慈利县、桑植县
		益阳市	安化县
		怀化市	中方县、沅陵县、辰溪县、溆浦县、会同县、麻阳苗族自治县、新晃侗族自治县、芷江侗族自治县、靖州苗族侗族自治县、通道侗族自治县
		娄底市	新化县、涟源市
		湘西土家族苗族自治州	泸溪县、凤凰县、保靖县、古丈县、永顺县、龙山县、花垣县
	重庆（7）	重庆市	丰都县、石柱土家族自治县、秀山土家族自治县、酉阳土家族苗族自治县、彭水苗族土家族自治县、黔江区、武隆县
	贵州（15）	遵义市	正安县、道真仡佬族苗族自治县、务川仡佬族苗族自治县、凤冈县、湄潭县
		铜仁地区	铜仁市、江口县、玉屏侗族自治县、石阡县、思南县、印江土家族苗族自治县、德江县、沿河土家族自治县、松桃苗族自治县、万山特区
乌蒙山区（38）	四川（13）	泸州市	叙永县、古蔺县
		乐山市	沐川县、马边彝族自治县
		宜宾市	屏山县
		凉山彝族自治州	普格县、布拖县、金阳县、昭觉县、喜德县、越西县、美姑县、雷波县

续表

分区	省（自治区、直辖市）名	地/市/州名	县名
乌蒙山区（38）	贵州（10）	遵义市	桐梓县、习水县、赤水市
		毕节地区	毕节市、大方县、黔西县、织金县、纳雍县、威宁彝族回族苗族自治县、赫章县
	云南（15）	昆明市	禄劝彝族苗族自治县、寻甸回族彝族自治县
		曲靖市	会泽县、宣威市
		昭通市	昭阳区、鲁甸县、巧家县、盐津县、大关县、永善县、绥江县、镇雄县、彝良县、威信县
		楚雄彝族自治州	武定县
滇桂黔石漠化区（80）	广西（29）	柳州市	融安县、融水苗族自治县、三江侗族自治县
		桂林市	龙胜各族自治县、资源县
		南宁市	隆安县、马山县、上林县
		百色市	田阳县、德保县、靖西县、那坡县、凌云县、乐业县、田林县、西林县、隆林各族自治县
		河池市	凤山县、东兰县、罗城仫佬族自治县、环江毛南族自治县、巴马瑶族自治县、都安瑶族自治县、大化瑶族自治县
		来宾市	忻城县
		崇左市	宁明县、龙州县、大新县、天等县
	贵州（40）	六盘水市	六枝特区、水城县
		安顺市	西秀区、平坝县、普定县、镇宁布依族苗族自治县、关岭布依族苗族自治县、紫云苗族布依族自治县
		黔西南布依族苗族自治州	兴仁县、普安县、晴隆县、贞丰县、望谟县、册亨县、安龙县
		黔东南苗族侗族自治州	黄平县、施秉县、三穗县、镇远县、岑巩县、天柱县、锦屏县、剑河县、台江县、黎平县、榕江县、从江县、雷山县、麻江县、丹寨县
		黔南布依族苗族自治州	荔波县、贵定县、独山县、平塘县、罗甸县、长顺县、龙里县、惠水县、三都水族自治县、瓮安县
	云南（11）	曲靖市	师宗县、罗平县
		红河哈尼族彝族自治州	屏边苗族自治县、泸西县
		文山壮族苗族自治州	砚山县、西畴县、麻栗坡县、马关县、丘北县、广南县、富宁县
滇西边境山区（56）	云南（56）	保山市	隆阳区、施甸县、龙陵县、昌宁县
		丽江市	玉龙纳西族自治县、永胜县、宁蒗彝族自治县
		普洱市	宁洱哈尼族彝族自治县、墨江哈尼族自治县、景东彝族自治县、景谷傣族彝族自治县、镇沅彝族哈尼族拉祜族自治县、江城哈尼族彝族自治县、孟连傣族拉祜族佤族自治县、澜沧拉祜族自治县、西盟佤族自治县

续表

分区	省（自治区、直辖市）名	地/市/州名	县名
滇西边境山区（56）	云南（56）	临沧市	临翔区、凤庆县、云县、永德县、镇康县、双江拉祜族佤族布朗族傣族自治县、耿马傣族佤族自治县、沧源佤族自治县
		楚雄彝族自治州	双柏县、牟定县、南华县、姚安县、大姚县、永仁县
		红河哈尼族彝族自治州	石屏县、元阳县、红河县、金平苗族瑶族傣族自治县、绿春县
		西双版纳傣族自治州	勐海县、勐腊县
		大理白族自治州	漾濞彝族自治县、祥云县、宾川县、弥渡县、南涧彝族自治县、巍山彝族回族自治县、永平县、云龙县、洱源县、剑川县、鹤庆县
		德宏傣族景颇族自治州	潞西市、梁河县、盈江县、陇川县
		怒江傈僳族自治州	泸水县、福贡县、贡山独龙族怒族自治县、兰坪白族普米族自治县
大兴安岭南麓山区（19）	内蒙古（5）	兴安盟	阿尔山市、科尔沁右翼前旗、科尔沁右翼中旗、扎赉特旗、突泉县
	吉林（3）	白城市	镇赉县、通榆县、大安市
	黑龙江（11）	齐齐哈尔市	龙江县、泰来县、甘南县、富裕县、克东县、拜泉县
		大庆市	林甸县
		绥化市	明水县、青冈县、望奎县、兰西县
燕山-太行山区（33）	河北（22）	保定市	涞水县、阜平县、唐县、涞源县、望都县、易县、曲阳县、顺平县
		张家口市	宣化县、张北县、康保县、沽源县、尚义县、蔚县、阳原县、怀安县、万全县
		承德市	承德县、平泉县、隆化县、丰宁满族自治县、围场满族蒙古族自治县
	山西（8）	大同市	阳高县、天镇县、广灵县、灵丘县、浑源县、大同县
		忻州市	五台县、繁峙县
	内蒙古（3）	乌兰察布市	化德县、商都县、兴和县
吕梁山区（20）	山西（13）	忻州市	静乐县、神池县、五寨县、岢岚县
		临汾市	吉县、大宁县、隰县、永和县、汾西县
		吕梁市	兴县、临县、石楼县、岚县
	陕西（7）	榆林市	横山县、绥德县、米脂县、佳县、吴堡县、清涧县、子洲县
大别山区（36）	安徽（12）	安庆市	潜山县、太湖县、宿松县、望江县、岳西县
		阜阳市	临泉县、阜南县、颍上县
		六安市	寿县、霍邱县、金寨县
		亳州市	利辛县

续表

分区	省（自治区、直辖市）名	地/市/州名	县名
大别山区（36）	河南（16）	信阳市	光山县、新县、固始县、淮滨县、商城县、潢川县
		驻马店市	新蔡县
		开封市	兰考
		商丘市	民权县、宁陵县、柘城县
		周口市	商水县、沈丘县、郸城县、淮阳县、太康县
	湖北（8）	孝感市	孝昌县、大悟县
		黄冈市	团风县、红安县、罗田县、英山县、蕲春县、麻城市
罗霄山区（23）	江西（17）	萍乡市	莲花县
		赣州市	赣县、上犹县、安远县、宁都县、于都县、兴国县、会昌县、寻乌县、石城县、瑞金市、南康市
		吉安市	遂川县、万安县、永新县、井冈山市
		抚州市	乐安县
	湖南（6）	株洲市	茶陵县、炎陵县
		郴州市	宜章县、汝城县、桂东县、安仁县

表 4-2 已明确实施特殊扶持政策的西藏、四省藏区、新疆南疆三地州分县名单

分区	省（自治区、直辖市）名	地/市/州名	县名
西藏区（74）	西藏（74）	拉萨市	城关区、林周县、当雄县、尼木县、曲水县、堆龙德庆县、达孜县、墨竹工卡县
		昌都地区	昌都县、江达县、贡觉县、类乌齐县、丁青县、察雅县、八宿县、左贡县、芒康县、洛隆县、边坝县
		山南地区	乃东县、扎囊县、贡嘎县、桑日县、琼结县、曲松县、措美县、洛扎县、加查县、隆子县、错那县、浪卡子县
		日喀则地区	日喀则市、南木林县、江孜县、定日县、萨迦县、拉孜县、昂仁县、谢通门县、白朗县、仁布县、康马县、定结县、仲巴县、亚东县、吉隆县、聂拉木县、萨嘎县、岗巴县
		那曲地区	那曲县、嘉黎县、比如县、聂荣县、安多县、申扎县、索县、班戈县、巴青县、尼玛县双湖办事处
		阿里地区	普兰县、札达县、噶尔县、日土县、革吉县、改则县、措勤县
		林芝地区	林芝县、工布江达县、米林县、墨脱县、波密县、察隅县、朗县
四省藏区（77）	云南（3）	迪庆藏族自治州	香格里拉县、德钦县、维西傈僳族自治县
	四川（32）	阿坝藏族羌族自治州	汶川县、理县、茂县、松潘县、九寨沟县、金川县、小金县、黑水县、马尔康县、壤塘县、阿坝县、若尔盖县、红原县

续表

分区	省（自治区、直辖市）名	地/市/州名	县名
四省藏区（77）	四川（32）	甘孜藏族自治州	康定县、泸定县、丹巴县、九龙县、雅江县、道孚县、炉霍县、甘孜县、新龙县、德格县、白玉县、石渠县、色达县、理塘县、巴塘县、乡城县、稻城县、得荣县
		凉山彝族自治州	木里藏族自治县
	甘肃（9）	武威市	天祝藏族自治县
		甘南藏族自治州	合作市、临潭县、卓尼县、舟曲县、迭部县、玛曲县、碌曲县、夏河县
	青海（33）	海北藏族自治州	门源回族自治县、祁连县、海晏县、刚察县
		黄南藏族自治州	同仁县、尖扎县、泽库县、河南蒙古族自治县
		海南藏族自治州	共和县、同德县、贵德县、兴海县、贵南县
		果洛藏族自治州	玛沁县、班玛县、甘德县、达日县、久治县、玛多县
		玉树藏族自治州	玉树县、杂多县、称多县、治多县、囊谦县、曲麻莱县
		海西蒙古族藏族自治州	格尔木市、德令哈市、乌兰县、都兰县、天峻县冷湖行政区、大柴旦行政区、茫崖行政区
新疆南疆三地州（24）	新疆（24）	克孜勒苏柯尔克孜自治州	阿图什市、阿克陶县、阿合奇县、乌恰县
		喀什地区	喀什市、疏附县、疏勒县、英吉沙县、泽普县、莎车县、叶城县、麦盖提县、岳普湖县、伽师县、巴楚县、塔什库尔干塔吉克自治县
		和田地区	和田市、和田县、墨玉县、皮山县、洛浦县、策勒县、于田县、民丰县

注：此表根据国务院扶贫办公布的连片特困地区名单整理

二、连片特困地区的主要特征

新时期确定的连片特困地区具有以下显著特征。

（一）贫困集中连片

农村贫困地区逐步向生态环境脆弱、基础设施差、科技教育水平低和社会经济落后的地区收缩，农村绝对贫困居民也分布在地域环境条件相同或相近的区域，具有非常明显的地域指向和地缘性特征，"人口集中、成因一致、地域连片"的贫困居民连片集中性异常突出。贫困人口主要集中分布在山区、丘陵地区、限制开发区甚至禁止开发区。新时期由国家确定的14个集中连片贫困地区绝大部分分布在山区、高原山区，甚至是群山连绵区，集中连片分布特征更为突出。

（二）贫困致因复杂

集中连片贫困地区的成因错综复杂。从自然社会方面看，连片特困地区集中分布在边远山区，交通设施差，自然灾害频发；居民受教育程度低，思想观念保守。如四川彝区的贫困致因众多，最根本的就是自然环境恶劣、社会发育不良。就自然环境条件而言，四川彝区地处横断山区，地形地貌复杂，自然灾害高发，水土流失严重。2014年仍有近5.23万户、26.13万人居住在海拔2800米以上不宜人居的高寒山区、严重干旱缺水地区，滑坡、泥石流等自然灾害严重的地区，其中3.78万户、18.88万人不具备生存条件，无法就地脱贫。就社会发育方面而言，它又是全国最大的彝族聚居区，是从奴隶社会直接进入社会主义社会的"直过区"。著名社会学家费孝通先生曾说这里是"原始的贫困"。就民族原因而言，连片特困地区多数是少数民族聚居区，思想传统，观念保守，没有开发与开放意识，固守传统的生产方式与生活模式。从历史、政治、体制等方面看，秦巴山区、乌蒙山区、大别山区、罗霄山区等革命老区的贫困主要是由历史、政治原因造成的。在革命战争年代，四川通江县凡是能走动的男女老少几乎都参加红军或支援前线，伤残人口数远远高于其他地区。

（三）贫困程度深

集中连片贫困地区绝大多数是高山地区、丘陵地区或者限制开发甚至禁止开发的生态功能地区，区域面积广阔、贫困人口众多，并且贫困程度深，存在非常明显的"人口困难、财政困难、扶贫困难"的多难现象，扶贫任务十分艰巨。首先，不仅农民特别贫困，地方财政也特别贫困。秦巴山区四川片区2010年人均生产总值相当于全省、全国平均水平的55.87%和35.41%，人均地方财政一般预算收入只有全省、全国平均水平的66.58%和23.75%，农民人均年纯收入为全省、全国平均水平的88.71%和77.03%。其次，上辈特困，下辈同样特困。在连片特困地区，代际贫困现象十分突出，传递性很强。四川省通江县文胜乡文溪口村6社66岁的李某，一家4口，其中3人病残，仅有1人能耕田种地，从20世纪60年代初开始，全家一直处于绝对贫困状态。该社32户137人，像李某这样贫病交加、赤贫如洗的代际性贫困户就有4户，占该社贫困户的40%以上[92]。最后，贫困特困，扶贫也特困。尽管我国政府不断加大扶贫开发力度，贫困人口仍然众多。国家统计局监测数据显示，2001~2009年我国西部地区的贫困人口比例从61%上升到66%，八个少数民族省区的贫困人口比例从34%上升到40.4%，贵州、云南、甘肃的贫困人口比例从29%上升到41%[93]。

（四）反贫困艰难

当前绝大部分集中连片特困地区的生态环境脆弱或者生态区位十分重要，属限制开发甚至禁止开发的生态功能地区。因此，连片特困地区的扶贫开发要求更高，限制更多；在"稳增长、调结构、促转型"的形势下，常规扶贫开发与反贫困手段也难以奏效或形成长久的增长效应以促进地区脱贫。

据国家统计局住户调查办公室调查统计，在国家新的扶贫攻坚战略的驱动之下，2013年全国14个集中连片特困地区农村居民的人均年纯收入为5583元，较上年增加747元，增长15.4%，扣除价格因素，实际增长12.3%，增速高于全国农村平均水平3个百分点[94]。尽管如此，在国家"再扶贫"政策背景下，连片特困地区的扶贫资金依然短缺，扶贫手段单一，扶贫成本居高不下，扶贫攻坚形势依然严峻。

第二节 连片特困地区的旅游扶贫

一、旅游扶贫的内涵界定

旅游扶贫充分利用贫困地区的旅游资源，开发旅游项目，兴办旅游企业，将旅游业发展成为带动性产业，从而让当地居民脱贫致富，使地方经济得以发展。旅游扶贫的总体目标是脱贫致富，终极目标是追求经济效益、带动贫困社区全面发展，主导目标是保证贫困人口利益和创造发展机会，核心目标是消除贫困状态。旅游扶贫对象包括具有一定旅游发展基础的国定贫困地区和经济相对欠发达的地区。

二、旅游扶贫的发展历程

中国旅游扶贫始于20世纪80年代中期，至今大致经历了四个阶段。

（一）基层政府自发探索实践阶段（20世纪80年代中后期）

当时正值我国旅游业飞速发展时期，一些基层政府备受鼓舞，开始重视并着力投入旅游开发，形成了河北的野三坡、四川青城后山的五龙沟、云南的阿庐古洞、山东沂源县的土门溶洞等一批具有一定规模、效益和知名度的扶贫开发景点，发展旅游有效带动了地方经济的增长，减贫脱贫取得一定成效。

（二）地方政府部门组织推动阶段（20世纪90年代）

20世纪90年代初期，各地自发兴起的旅游扶贫实践逐渐引起了地方政府部门尤其是旅游主管部门的关注，1991年全国旅游局长会议明确提出"旅游扶贫"口号，旅游扶贫开始由各地零散的自发行动向政府推动的有组织方向发展，旅游扶贫实践迅速在全国范围内展开，且成效明显。

（三）旅游扶贫试验区实践探索阶段（2000~2013年）

旅游扶贫试验区是我国新时期关于贫困地区脱贫致富的战略部署，2001年全国旅游发展工作会议要求在全国一些旅游资源丰富、尚未脱贫的地区规划建设一批旅游扶贫试验区，尝试发展旅游业，探索脱贫致富的新路径[95]。2000年8月8日，全国首个国家级旅游扶贫试验区——六盘山旅游扶贫试验区在宁夏固原地区行署挂牌成立，意味着旅游扶贫试验区探索实践正式启动。随后一些省级政府也纷纷加入此行列，2000年11月安徽省决定设立天堂寨旅游扶贫试验区，2001年9月山西省设立吕梁碛口旅游扶贫试验区。旅游扶贫试验区实行"政府主导、专家决策、市场化运作、企业化经营"的管理模式，扶贫效果明显。2009年六盘山国家级旅游扶贫试验区共计接待国内外游客133万人次，创造旅游收入3.9亿元；为当地涉旅服务业增收32亿元，造就旅游直接从业人员队伍10 000人以上[96]。2013年国家旅游局和国务院扶贫办先后批准设立江西省赣州市和吉安市（3月）、河北省阜平县（4月）、内蒙古自治区阿尔山市（11月）等4个国家旅游扶贫试验区。同年8月，国家旅游局与国务院扶贫办共同出台《关于联合开展"旅游扶贫试验区"工作的指导意见》，要求在全国各个连片特困地区内选择1~2个旅游产业基础较好的重点县或贫困面较大的市（地、州、盟）作为旅游扶贫试验区建设，在全国范围内掀起了创建国家旅游扶贫试验区的热潮。

（四）旅游精准扶贫阶段（2014年后）

"精准扶贫"思想最早源于2013年11月习近平同志在湖南湘西考察时提出的"实事求是、因地制宜、分类指导、精准扶贫"十六字要求[97]。2014年3月，习近平同志参加全国人大内蒙古代表团审议时强调要实施精准扶贫，瞄准扶贫对象，进行重点施策。2015年6月，习近平同志在贵州省考察调研时再次提出扶贫开发"贵在精准，重在精准，成败之举在于精准"。2015年10月，习近平同志在"2015减贫与发展高层论坛"上又一次强调中国扶贫攻坚工作要实施精准扶贫方略，做到"扶持对象精准、项目安排精准、资金使用精准、措施到户精准、因村派人精准、脱贫成效精准"六个精准[98]，精准扶贫成为新时期连片特困地区脱贫攻坚的主旋律。2014年国务院《关于促进旅游业改革发展的若干意见》要求加强乡村旅游精准扶贫，精准扶贫理念首次运用于旅游扶贫领域。随后国家旅游局等部门先后启动乡村旅游富民工程，实施乡村旅游扶贫工程行动方案，开展万企万村帮扶行动，全面推进乡村旅游精准扶贫。旅游精准扶贫以实现旅游扶贫"扶真贫"和"真扶贫"为目标，强调"区别对待""因地制宜""因人施策"和旅游可持续发展，必须做到"精准识别、精准帮扶、精准管理"，在贫困人口参与受益的前提下并不排斥非贫困人口受益，通过旅游精准扶贫既要让贫困人口脱贫致富，更要推动区域社会经济发展，实现共同发展。

三、连片特困地区的旅游扶贫模式

我国的旅游扶贫已历时三十余载，各地区依托自身的资源环境条件不断探索实践，形成了多种各具特色且行之有效的旅游扶贫模式。

（一）基于参与主体的旅游扶贫模式

1. 政府主导型模式

政府主导型模式是指国家和地方政府借助自身的行政权力，通过统筹整合旅游资源与管理职能，制定旅游扶贫的法规政策，编制和实施旅游扶贫开发规划，营造环境与氛围，聚集财力、物力并投入资金，以促进旅游产业发展，推动区域经济和社会发展，以实现脱贫致富目标的一种旅游扶贫模式。政府主导型模式通常适用于旅游资源富集，但经济发展缓慢、思想观念落后的贫困地区。在我国旅游扶贫实践过程中，由国家层面或省级政府设立的旅游扶贫试验区实行的"政府主导、专家决策、市场化运作、企业化经营"的管理模式，就是一种典型的政府主导型旅游扶贫模式。

2. 企业主导型模式

企业主导型模式是指贫困地区政府引进外来投资商组建旅游企业，在地方政府的监管之下，承租旅游资源，兴建旅游项目，发展旅游产业，带动贫困地区经济发展，帮扶贫困人口脱贫致富的一种旅游扶贫模式。企业主导型模式通常实行"政府监管、企业自营"的管理模式，该模式通常适用于旅游资源丰富，但区域经济实力弱小的贫困地区。外来投资商以资源使用费、税金等形式为贫困地区政府积累财力，通过聘用贫困人口等方式帮助其增加收入，逐渐脱贫致富。位于滇西边境山区的云南省西双版纳州勐海县的勐景来"中缅第一寨"就是企业主导型旅游扶贫模式的典型例证。金孔雀旅游集团投资开发勐景来傣族村寨后，针对傣寨风貌汉化严重的问题，出资将电力线网全部改造地埋，以补偿方式发动农户拆除红砖围墙和钢筋混凝土的楼房，恢复傣家竹楼和竹篱笆，补种具有傣乡特色的椰子树、菩提树和热带花卉等，恢复傣家村寨的传统风貌，招募当地手工艺者为游客表演制陶、造纸、酿酒、打铁、纺织等工艺和傣族传统乐器和歌舞。集团与村民小组联合成立村民协调小组，负责协调景区建设与村民生产、生活之间的关系；出资为寨内学生设立了奖学金，支持公益事业。傣寨原住民通过向游客展示傣家传统工艺、演奏乐器、表演歌舞、销售传统手工艺品或受聘成为景区的正式员工（勐景来景区的员工半数为当地居民）从企业获取报酬；没有直接从事旅游活动的寨民则通过分红获得一定收益。勐景来景区开发取得成功后，傣寨村民的收入成倍增长，迅速脱贫致富，勐景来成为声名远播的"中缅第一寨"。

3. 社区主导型模式

社区主导型模式是指赋予贫困社区直接管理权，决定社区旅游发展重点，管理资金和项目实施进程，充分调动贫困社区居民的积极性，拓宽社区居民参与旅游活动的范围，从而促进社区经济发展、面貌改观、社区居民增收致富的一种旅游扶贫模式。该模式通常实行"社区居民自主经营、村委会协管、政府规制"的管理模式。位于滇桂黔石漠化区的贵州省雷山县郎德苗寨就是成功的范例。20世纪80年代中期郎德苗寨的全体村民就开始集资开发旅游资源，参与旅游经营活动；旅游收益的25%作为基金用于苗寨设施建设与维护，75%按劳分配。村委会领导下的旅游接待办公室作为社区旅游发展的自治机构，由其成员推举产生，在日常经营管理中发挥主导作用。每户寨民都参与旅游接待活动，并根据接待活动的技能要求和辛劳程度获得不同分值的工分卡，月底各户凭工分卡领取报酬，每年户均收入超过万元，增收致富效果明显。

（二）基于产品类型的旅游扶贫模式

1. 生态旅游扶贫模式

生态旅游扶贫模式是指生态资源独特丰富的贫困地区在生态资源可持续利用的前提下，通过发展生态旅游，为其经济社会发展积累资金，为贫困人口创造就业和发展机会，促成贫困问题的解决，从而实现贫困地区社会、经济和生态可持续发展的一种旅游扶贫模式。三江源地区是长江、黄河和澜沧江—湄公河的源头汇水区，面积36万多平方千米，曾是野生动物种群栖息的高原草原草甸区，生态"处女地"。但由于自然因素的改变和人类活动的干扰，其生态环境变得十分脆弱，直接威胁长江、黄河流域乃至东南亚地区的生态安全。为保护其生态环境，2000年设立中国面积最大的三江源自然保护区。与此同时，三江源地区也是我国集中连片特困地区四省藏区的主要组成部分,但这里拥有大山大川、草原湿地、雪山冰川、动物乐园等原生态自然景观,汇集了博大精深的藏传佛教、唐蕃古道、多姿多彩的玉树歌舞和赛马节等特色资源,数十处国家级、省级文物保护单位和十项国家级非物质文化遗产,是中国乃至世界旅游的稀缺资源带,其发展生态旅游具有得天独厚的天然优势。因此,2008年青海省政府就委托中国科学院地理科学与资源研究所编制了《青海省三江源地区生态旅游发展规划》,将三江源地区打造成具有示范意义的国际级生态旅游目的地。通过生态保护工程建设和发展生态旅游,三江源地区的生态环境质量和社会经济状况明显改善,当地农牧民的人均年收入在最近10年间至少增长了2倍,生态旅游扶贫效果良好。

2. 乡村旅游扶贫模式

乡村旅游扶贫模式是指贫困乡村地区依托其特色旅游资源,以优美的田园风光和独特的乡村文化为载体,在传统农林牧副渔业中融入旅游休闲功能,大力发展乡村旅游,帮助贫困乡村增强发展的内生动力,带动贫困乡村走上脱贫致富之路的一种旅游扶贫模式。近年来的乡村旅游扶贫实践证明发展乡村旅游业已成为我国连片特困地区脱贫攻坚的主力军。地处武陵山区的贵州省江口县寨沙侗寨是一个区位优越、交通便捷、生态优美、文化厚重的侗家山寨,却多年来守着金山受穷,捧着金碗挨饿。2010年全寨人均纯收入不足千元,2011年江口县决定利用寨沙侗寨得天独厚的区位优势和旅游资源,高起点打造乡村旅游扶贫试点,带动寨民脱贫致富。2014年寨沙侗寨接待游客68.5万人次,旅游综合收入3980万元,寨民人均纯收入从2010年不足千元增至3万元,一跃成为"国家乡村旅游扶贫示范点"[99]。

3. 文化旅游扶贫模式

文化旅游扶贫模式是指文化旅游资源富集的贫困地区,通过开发红色旅游、文化遗产旅游、民族风情旅游及宗教文化旅游等,促进贫困地区特色文化的保护传承与科学利用,推动贫困地区社会进步与经济发展,为贫困人口创造增加收益的机会,进而实现脱贫致富目标的一种旅游扶贫模式。我国的连片特困地区多是革命老区、少数民族聚居区,文化资源品类众多、底蕴深厚,具有发展文化旅游以实现扶贫攻坚目标的天然优势。滇桂黔石漠化区内的广西龙胜县的黄洛瑶寨素有"天下第一长发村"的美誉,在实施旅游扶贫开发后,寨民分成3个小组,每天轮流为游客表演民族歌舞,2014年全寨仅歌舞表演收入就有180万元,户均分配20 000元以上。

（三）基于区域条件的旅游扶贫模式

1. 景区带动模式

景区带动模式是指以开发成功、经济效益良好的旅游景区为依托，充分利用其旅游客源市场，带动旅游景区所在地区社会经济的发展，以实现旅游扶贫目标的一种旅游扶贫模式。四省藏区内的四川省阿坝州的九寨沟就是景区带动模式中最引人注目的例证。1984年前九寨沟居民以农耕、畜牧等为生，生活贫困，其收入未达到州、省乃至全国农村居民的人均收入水平，1984年九寨沟正式开放，当地居民逐渐放弃传统谋生方式，开始从事旅游服务业，收入逐步增长。随着九寨沟"景社一体"经营管理模式的建立与完善，居民收入水平与景区游客接待量直接挂钩，其收入急剧增长。早在2007年，居民人均年收入超过40 000元，相当于九寨沟县、四川省、全国城镇居民人均可支配收入的1.9倍、3.7倍和2.9倍。

2. 旅游集镇带动模式

旅游集镇带动模式是指自有旅游资源特色鲜明，且旅游服务业比较发达的古镇、古村落或依托知名旅游景区为其配套休闲度假、餐饮娱乐、交通运输、休闲购物等服务设施而兴起的旅游集镇，在自身发展过程中不断聚集人流、物流，为当地贫困人口创造创业就业机会，帮扶带动其融入旅游产业，从而走上致富道路的一种旅游扶贫模式。位于武陵山区的湖北省利川市谋道镇依托生态环境优美、负氧离子丰富、夏季凉爽舒适的苏马荡森林公园，于2009年全面发展休闲度假旅游业，投资商纷至沓来，先后开发建设休闲度假楼盘60余个，度假地产开发总面积400余万平方米，使其成为名噪一时的旅游度假名镇。场镇建成区由原来不足1平方千米迅速扩展至近10平方千米，场镇人口由原来的数千人增至度假高峰期的十余万人，苏马荡及其周边农村居民纷纷从传统农业转向与旅游相关的运输、餐饮、商业等第三产业，收入明显增加；宾馆服务、物业管理、门卫保安、导游等行业解决当地5000多人就业，2014年苏马荡片区农村居民的人均纯收入达5300元，早已超过国家规定的贫困线标准。

第三节　连片特困地区的生态保护

一、生态保护历程

生态保护主要以自然生态系统和人工复合生态系统为对象，以生态学理论与方法为主要手段，对各种生态系统实施保护、保育、修复、恢复重建乃至新建等综合治理措施以实现生态健康、安全为目的的各种活动[100]。生态保护不是单纯地强调被动保护，而是要将保护和建设有机结合，合理利用生态系统综合功能的同时加强抚育管理的手段。

改革开放以来，中国政府高度重视生态环境保护工作。针对我国污染日益趋重，大江大河源头生态环境日趋恶化，湖泊湿地逐渐萎缩，林草植被破坏，生态功能衰退，水土流失加剧，地质灾害频发，野生动植物物种丰富区面积不断减少，栖息地环境恶化，生物资源总量下降，近岸海域污染严重，海岸侵蚀突出等生态问题，全面推进环境污染治理与生态保护并取得良好成效。纵观我国生态环境保护历程，大致可分为以下几个阶段。

（一）污染防治为主时期（1978~1997年）

改革开放后，我国的生态环境保护也正式起步，先后发布了《环境保护工作汇报要点》（中共中央，1978年）、《中华人民共和国环境保护法（试行）》（1979年）、《关于在国民经济调整时期加强环境保护工作的决定》（国务院，1981年）、《关于环境保护工作的决定》（国务院，1984年）等法规与文件，明确指出"消除污染，保护环境"是实现社会主义现代化的主要组成部分。1981年四川省特大洪灾后，在邓小平同志的推动下，1981年12月13日，第五届全国人民代表大会第四次会议通过了《关于开展全民义务植树运动的决议》，迈出了生态恢复的第一步。1983年国务院召开第二次全国环境保护会议，将环境保护确定为基本国策，提出了"2000年基本解决全国的环境污染和生态破坏问题"的环境保护目标，实施"预防为主，防治结合；污染者负担，强化环境管理"的环保管理模式，陆续制定出台了一系列工业建设布局环境政策、能源环境政策、水域环境政策和自然环境保护政策等，至1998年底，共计制定361项国家环境标准，34项环境保护行业标准，国家环保总局发布了29项环境标志产品的技术要求，形成了比较完备的环保管理与制度体系。

尽管党和国家高度重视污染治理与环境保护，并取得了一定的成效，但改革开放后，国内经济快速发展，能耗与污染排放持续增加，人为干扰日益增强，经济发达地区的工业生活污染不断加重，经济欠发达或落后地区的生态环境变得日益脆弱与危险，我国的环境保护目标也在不断地调整。1989年第三次全国环境保护会议决定到2000年使环境污染基本得到控制，重点城市环境质量有所改善，自然生态恶化趋势有所减缓。1995年的《中共中央关于制定国民经济和社会发展"九五"计划和2010年远景目标的建议》再次调整为："到本世纪末，力争环境污染和生态破坏加剧趋势得到基本控制，部分城市和地区环境质量有所改善。"

（二）污染治理与生态保护并举时期（1998~2008年）

1998年长江流域特大洪灾后，生态环境保护引起了全国上下的高度关注，中共中央和国务院根据当时我国面临的严峻形势，确定了在经济发达地区突出污染治理，在经济欠发达地区和少数民族地区侧重生态保护的生态环境保护思路。在此期间，一是进一步完善生态环保法律制度体系。我国先后颁布实施了《中华人民共和国大气污染防治法》《中华人民共和国水污染防治法实施细则》《中华人民共和国防沙治沙法》《中华人民共和国水法》《中华人民共和国环境影响评价法》《中华人民共和国放射性污染防治法》《中华人民共和国固体废物污染环境防治法》，以及《全国生态环境保护纲要》、建设项目环境保护管理条例等法律规章，生态环保制度体系更加完善。二是全力推进天然林保护、退耕还林（草）、京津风沙源治理、天然草场恢复，以及三北和长江中上游防护林建设等生态保护工程。1998~2008年天保工程累计造林1.2亿亩[①]，三北及长江中下游防护林工程造林0.9亿亩；退耕还林（草）3.37亿亩，京津风沙源治理面积1.2亿亩，治理水土流失73万多平方千米；草场围栏近6亿亩，补种补播上1亿亩，草原治理0.4亿亩。三是持续推进生物多样性保护工程。截至2008年底，全国建立种类自然保护区2538个（国家级303个），保护区总面积14 894万公顷。环境保护部和中国科学院公布《全国生态功能区划》，划出216个生态功能区。全国生物多样性保护试点省区增至8个。四是全面推进环境污染治理。2000~2008年环境污染治理投资达17 916.3亿元，生活垃圾无害化处理率由52%提升至66.8%。减排取得一定成效，2005~2008年化学需氧量累计减排6.61%，二氧化硫累计减排8.95%。但由于经济高速增长，生态环境保护的任务十分艰巨，2008年全国七大水系水质总体仍为中度污染，湖（库）富营养化问题突出，近海海域水质为轻度污染，水土流失面积高达356万平方千米，农村生活污染加剧，面源污染加重，工矿污染凸显，饮水安全存在隐患。

（三）生态文明建设时期（2009年后）

2009年，中共十七届四中全会要求全面推进我国经济建设、政治建设、文化建设、社会建设及生态文明建设。从此，生态文明建设成为"五位一体"建设目标的重要组成部分。中国共产党第十八次代表大会报告要求"大力推进生态文明建设"，指出"建设生态文明，是关系人民福祉、关乎民族未来的长远大计。面对资源约束趋紧、环境污染严重、生态系统退化的严峻形势，必须树立尊重自然、

---

① 1亩≈0.067公顷。

顺应自然、保护自然的生态文明理念，把生态文明建设放在突出地位，融入经济建设、政治建设、文化建设、社会建设各方面和全过程，努力建设美丽中国，实现中华民族永续发展"[101]。中共十八届三中全会强调建设生态文明必须建立系统完整的生态文明制度体系，用制度保护生态环境。要健全自然资源资产产权制度和用途管制制度，划定生态保护红线，实行资源有偿使用制度和生态补偿制度，改革生态环境保护管理体制[102]。一是加快生态文明制度体系建设，用顶层设计统领生态环境保护。我国相继修订环境保护法、大气污染防治法、环境影响评价法、水法、节约能源法等环境保护相关法律；制定中国生物多样性保护战略与行动计划（2011—2030年）、大气污染防治行动计划、水污染防治行动计划和土壤污染防治行动计划；出台《党政领导干部生态环境损害责任追究办法（试行）》《关于加快推进生态文明建设的意见》《生态文明体制改革总体方案》《关于省以下环保机构监测监察执法垂直管理制度改革试点工作的指导意见》。二是加快生态文明建设步伐，全面推进生态保护。2011年我国开始在内蒙古、新疆、西藏、青海、四川、甘肃、宁夏、云南和新疆生产建设兵团全面实施"保护草原生态，保障牛羊肉等特色畜产品供给，促进牧民增收"的草原生态保护补助奖励政策。2012年底环境保护部启动生态保护红线划定试点工作，在内蒙古、江西、湖北和广西进行生态保护红线划定试点。2014年环境保护部公布《国家生态保护红线——生态功能基线划定技术指南（试行）》指导全国开展生态保护红线的划定工作。2013年底国家发展和改革委员会等六部委发布《关于印发国家生态文明先行示范区建设方案（试行）的通知》，以推动绿色、循环、低碳发展为基本途径，促进生态文明建设水平明显提升。2014年3月国务院印发《关于支持福建省深入实施生态省战略加快生态文明先行示范区建设的若干意见》，福建省成为中共十八大以来国务院确定的全国第一个生态文明先行示范区。2015年发布的《全国生态功能区划》（修编版）将全国生态功能区由2008年的216个增至242个，其中生态调节功能区148个、产品提供功能区63个，人居保障功能区31个。2009~2016年累计造林5030万公顷，森林面积2.08亿公顷，森林覆盖率上升至21.63%；累计种草2000多万公顷，草原面积392万平方千米，约占我国陆地面积的40.8%；荒漠化沙化土地面积累计减少2.2万平方千米；自然保护区2750个（国家级446个），占全国陆地面积的14.88%。三是全面开展污染治理，减排成效明显。2009~2016年污染治理投资总额超过6万亿元，生活垃圾无害化日处理能力较2008年提升近1倍，无害化处理率从66.8%提升至96.6%。化学需氧量排放量从2008年的1320万吨减至2016年的1046万吨，二氧化硫排放量从2008年的2321万吨减至2016年的1102万吨，排放量分别减少20.8%和52.5%；氮氧化物排放量从2011年的2404万吨减至2016年的1394万吨，烟（粉）尘排放量从2011年的1278万吨减至2016年的1010万吨，排放量分别减少72%和26%。地表水由2008年的污染严重转变为Ⅰ~Ⅲ类水质占比达 66.8%，近海水质由轻度污染转变为水质一般，江河流域Ⅰ~Ⅲ类水质占比由 2008 年的 55% 提升至 2016 年的 73.2%，湖库Ⅰ~Ⅲ类水质占比由 2008 年的 21.4% 提升至 2016 年的 65.1%[①]。

二、生态保护工程

（一）"三北"防护林工程

"三北"防护林工程是指在中国"三北"地区（西北、华北和东北）建设的大型人工林业生态工程。我国为改善生态环境，1978 年决定把这项工程列为国家经济建设的重要项目。工程规划建设期限 73 年，分八期建设，目前已经启动五期工程建设。

"三北"防护林工程的建设范围东起黑龙江的宾县，西至新疆的乌孜别里山口，北抵国界线，南沿天津、汾河、渭河、洮河下游、布尔汗布达山、喀喇昆仑山，东西长 4480 千米，南北宽 560~1460 千米。地理位置在东经 73°26′~127°50′，北纬 33°30′~50°12′。包括陕西、甘肃、宁夏、青海、新疆、山西、河北、北京、天津、内蒙古、辽宁、吉林、黑龙江 13 个省（自治区、直辖市）的 551 个县（含市、区、旗）。工程建设总面积 406.9 万平方千米，占全国陆地总面积的 42.4%。从 1978 年到 2050 年，历时 73 年，分三个阶段八期工程进行，规划造林 5.35 亿亩。到 2050 年，"三北"地区的森林覆盖率将由 1978 年的 5.05% 提高到 15.95%。

1978~2018 年，"三北"防护林工程建设取得显著成效。①风沙治理。从新疆到黑龙江的风沙危害区营造防风固沙林 1 亿多亩，使 20% 的沙漠化土地得到有效治理，沙漠化土地扩展速度由 20 世纪 80 年代的 2100 平方千米下降到 1700 平方千米。辽宁、吉林、黑龙江、北京、天津、山西、宁夏等七省（自治区、直辖市）结束了沙进人退的历史，沙漠化土地每年 481 平方千米，拓宽了沙区广大人民的生存地区。重点治理的科尔沁、毛乌素两大沙地森林覆盖率分别达到 20.4% 和 29.1%，不仅实现了土地沙漠化逆转，而且进入综合治理、综合开发的新阶段。赤峰市治理开发沙地 2100 万亩，占沙化土地的 58%；榆林沙区森林覆盖率已由 1977 年的 18.1% 上升到 38.9%，沙化土地治理度达 68.4%。②水土流失治理。在黄土高原和华北山地等重点水土流失区，坚持山水田林路统一规划，生物措施与工程措施相结合，按山系、分流域综合治理，营造水保林和水源涵养林 723 万公顷，治理水土流失面积由工程建设前的 5.4 万平方千米增加到 38.6 万平方千米，局部地区的水土流失得到有效治理。重点治理的黄土高原造林 779.1 万公顷，新

---

① 资料来源：国家统计局 2009~2016 年度统计数据。

增治理水土流失面积15万平方千米，使黄土高原治理水土流失面积达到23万多平方千米，近50%的水土流失面积得到不同程度治理，水土流失面积减少2万多平方千米，土壤侵蚀模数大幅度下降，每年入黄泥沙量减少3亿多吨。山西省昕水河流域土壤侵蚀模数已由7175吨下降到3226吨。张家口市土壤侵蚀模数已由过去的5900吨下降到1540吨，官厅水库泥沙入库量由899吨减少到235吨，潘家口和密云两大水库泥沙入库量分别减少20%和60%。辽宁省在辽西低山丘陵区营造水土保持林450多万亩，土壤侵蚀模数已由4500~5000吨下降到1500~2191吨。③农区防护林形成。农田防护林作为改善农业生产条件的一项基础设施，始终放在"三北"防护林体系优先发展的地位，共营造农田防护林3600多万亩，有3.23亿亩农田实现林网化，占"三北"地区农田总面积的65%。平原农区实现了农田林网化，一些低产低质农田变成了稳产高产农田。"三北"地区的粮食单产由1977年的118公斤[①]/亩，提高到2007年的311公斤/亩，总产由0.6亿吨提高到1.53亿吨。④森林资源增加。"三北"防护林体系建设使三北地区的森林资源快速增长，木材及林产品产量不断增加，改变了过去缺林少木的状况。截止到2012年，"三北"地区活立木蓄积量达10.4亿立方米，年产木材655.6万立方米，使民用材自给有余，木材产量的增加也带动了木材加工业和乡镇企业、多种经济的发展。"四料"俱缺的状况已有很大改变，特别是已建成1870万亩薪炭林，加上林木抚育修枝，解决了600万户农民的燃料问题。营造的牧防林保护了大面积草场，营造的7500万亩灌木林和上亿亩杨、柳、榆、槐树的枝叶为畜牧业提供了丰富的饲料资源，"三北"地区牲畜存栏数和畜牧业产值成倍增长。⑤经济发展。林业的发展不仅改善了生态环境，同时也促进了农村经济的发展，"三北"地区将资源优势转变为经济优势，已发展经济林5670万亩，建设了一批名、特、优、新果品基地，年产干鲜果品1228万吨，比1978年前增长了10倍，总产值达200多亿元。河北省张家口市大力发展经济林，林业产值由9000万元增加到3亿元，有240个村、15万户农民靠林果业实现了脱贫致富。

（二）天然林资源保护工程

天然林资源保护工程，简称天保工程。主要在我国长江上游、黄河上中游，以及东北、内蒙古等重点国有林区实施天然林资源保护工程。

1998年长江流域特大洪灾后，党中央、国务院针对我国天然林资源过度消耗而引起的生态环境恶化的现实，从社会经济可持续发展的战略高度，做出实施天然林资源保护工程的重大决策，旨在通过天然林禁伐和大幅减少商品木材产量，

---

① 1公斤=1千克。

有计划分流安置林区职工等措施，解决天然林的休养生息和恢复发展问题。

天保工程的实施范围包括长江上游、黄河上中游地区和东北、内蒙古等重点国有林区的17个省区市的734个县和163个森林工业局。长江流域以三峡库区为界的上游6个省区市，即云南、四川、贵州、重庆、湖北、西藏。黄河流域以小浪底为界的7个省区，包括陕西、甘肃、青海、宁夏、内蒙古、山西、河南。东北、内蒙古等重点国有林区的5个省区，包括内蒙古、吉林、黑龙江（含大兴安岭）、海南、新疆。2000年，天保工程区有林地面积10.23亿亩，其中天然林面积8.46亿亩，占全国天然林面积的53%。

天保工程实施20年来，累计完成公益林建设2.75亿亩，中幼龄林抚育2.19亿亩，使19.44亿亩天然林得以休养生息。工程区天然林面积增加近1亿亩，天然林蓄积增加12亿立方米，增加总量分别占全国的88%和61%。

20年来，天保工程有效地保护了全国90%的陆地生态系统类型、85%的野生动物种群和65%的高等植物种群，工程区内已消失多年的飞禽走兽重新出现，大熊猫野外种群数量达到1864只，东北虎、豹在中国境内的数量由天保工程初期（1998~1999年）中国、俄罗斯、美国三国专家联合调查的12~16只和7~12只恢复到2018年的36只和48只以上，国际濒危野生动物雪豹频频出现在三江源腹地，被我国政府列为"极度濒危野生动物"的普氏原羚数量已达830多只。珙桐、苏铁、红豆杉等国家重点保护野生植物分布面积逐步扩大。这些珍稀的物种资源和自然遗产，为建立国家公园制度提供了前提条件。

20年来，天保工程有效保障了大江大河安全和国土生态安全，工程区山体滑坡、水土流失、泥石流等地质灾害大为减少。森林植被总碳储量已达84.27亿吨，其中80%以上来自天然林。

20年来，天保工程区95.6万名富余职工得到妥善安置，67万人长期稳定就业，民生得到显著改善，保护意识明显增强，走出了一条工程建设促进乡村振兴、带动精准脱贫的发展创新之路。

（三）退耕还林工程

退耕还林是指从保护和改善西部生态环境出发，将水土流失严重的耕地，沙化、盐碱化、石漠化严重的耕地及粮食产量低而不稳的耕地有计划、分步骤地停止耕种；本着宜乔则乔、宜灌则灌、宜草则草、乔灌草结合的原则，因地制宜地造林种草，恢复林草植被。

退耕还林工程始于1999年，是迄今为止我国政策性最强、投资量最大、涉及面最广、群众参与程度最高的一项生态建设工程，也是最大的强农惠农项目，仅中央投入的工程资金就超过4300亿元，是迄今为止世界上最大的生态建设工程。

1999年四川、陕西、甘肃3省率先开展了退耕还林试点，由此揭开了我国退耕还林的序幕。2002年1月10日，国务院西部开发办公室召开退耕还林工作电视电话会议，决定全面启动退耕还林工程。

退耕还林工程建设范围包括北京、天津、河北、山西、内蒙古、辽宁、吉林、黑龙江、安徽、江西、河南、湖北、湖南、广西、海南、重庆、四川、贵州、云南、西藏、陕西、甘肃、青海、宁夏、新疆等25个省（自治区、直辖市）和新疆生产建设兵团，共1897个县（含市、区、旗）。根据因害设防的原则，按水土流失和风蚀沙化危害程度、水热条件和地形地貌特征，将工程区划分为10个类型区，即西南高山峡谷区、川渝鄂湘山地丘陵区、长江中下游低山丘陵区、云贵高原区、琼桂丘陵山地区、长江黄河源头高寒草原草甸区、新疆干旱荒漠区、黄土丘陵沟壑区、华北干旱半干旱区、东北山地及沙地区。同时，根据突出重点、先急后缓、注重实效的原则，将长江上游地区、黄河上中游地区、京津风沙源区，以及重要湖库集水区、红水河流域、黑河流域、塔里木河流域等地区的856个县作为工程建设重点县。

退耕还林工程成效显著。①水土流失和土地沙化治理步伐加快，生态环境明显改善。退耕还林工程的实施，使我国造林面积持续增加，2002~2004年退耕还林工程造林分别占全国造林总面积的58%、68%和54%，西部一些省区占到90%以上。退耕还林调整了人与自然的关系，改变了农民广种薄收的传统习惯，工程实施大大加快了水土流失和土地沙化治理的步伐，生态状况得到明显改善。根据水利部长江水利委员会的监测报告，2003年长江上游宜昌站年输沙量减少80%，主要支流的输沙量低于多年平均值，寸滩以下各站的平均含沙量减少50%~79%。专家认为，退耕还林是长江输沙量减少的主要原因。1999~2004年四川省实施退耕还林80.53万公顷，累计减少土壤侵蚀量2.67亿吨，年均减少0.53亿吨，占全省森林年滞留泥沙总量近1/4，长江支流岷江、涪江每立方米河水含沙量分别下降了60%和80%。可以说，退耕还林工程为我国生态建设步入"破坏与治理相持"的关键阶段做出了重要贡献。②加快了农村产业结构调整步伐。各地把退耕还林作为解决"三农"问题的重要措施，合理调整土地利用和种植结构，因地制宜推行生态林草、林果药、林竹纸、林草畜，以及林经间作、种养结合、产业配套等多种开发治理模式，大力发展生态产业和循环经济，促进了农业产业结构调整。延安市结合退耕还林工程建设，按照"壮大林果业，发展草畜业，开发棚栽业，推进加工业，带动劳务业"的思路进行农业产业结构调整，实现了耕地减少、粮食增产、农民增收。③保障和提高了粮食综合生产能力。退耕还林后，由于生态状况的改善、生产要素的转移和集中，农业生产方式由粗放经营向集约经营转变，工程区及中下游地区农业综合生产能力得到保障和提高。贵州、甘肃、四川凉山州、内蒙古赤峰市和乌兰察布盟等地实现减地不减收。同时，退耕还林调整了土地利用结构，把不适宜种植粮食的耕地还林，有利于促进农林牧各业协调发展；退耕还林发展了大量的水果、木本粮油等林木资源，培育了丰富的牧草资源，这不但能增加食物的有效供给，还能调整和优化食物结构。④大幅度增加了农民收入。一是国家粮款补助直接增加了农民收入。到2004年底退耕还林工程已使3000多万农户、1.2亿农民从国家补助粮款中直接受益，农民人均获得补助600多元。根据国家统计局农村住户调查，2003年农民人均纯收入增速，西部地区高于全国平均水平，西部地区退耕农户收入水平高于没有退耕的农户。二是退耕还林收益成为农民增收的重要来源。在一些自然条件较好的地方，结合工程建设，因地制宜发展林竹、林果、林茶、畜牧等生态经济产业，增加了农民经济收入。由于退耕还林营造的经济林木目前绝大部分还没有进入盛果期，再过几年，退耕还林对农民增收的贡献将越来越大。三是促进农村剩余劳动力向非农产业和多种经营转移，减轻了农民对坡耕地和沙化耕地的依赖。根据四川省对丘陵地区的调查，大约每退耕0.2公顷耕地就转移1个劳动力，全省丘陵、盆周地区大约有200万个劳动力因实施退耕还林得以转移，年劳务创收约100亿元。四是退耕还林使贫困农户稳定脱贫，大大缓解了因灾返贫的问题，在新时期扶贫开发中发挥了重要作用。

退耕还林工程原计划实施到2010年，为巩固成果，2012年我国又重启该工程。贵州、四川、甘肃等十几个省区明确要求重启退耕还林工程。许多省区都是在遭受干旱、地震、泥石流等重大自然灾害后，迫切要求扩大退耕还林面积，如贵州省提出增加退耕还林面积300万亩，云南省希望国家安排退耕还林400万亩。

第五章　旅游扶贫与生态保护耦合机理阐释

本章全面阐释旅游扶贫与生态保护两大系统相互支撑促进、胁迫约束的交互关系，交互耦合的交互裂变、层级变化、涨落演化、非线性协同和阈值限制等基本规律，旅游扶贫与生态保护两大系统一般从低水平协调阶段到改善磨合阶段再到拮抗阶段最后进入高水平协调阶段的耦合发展规律。

第一节　旅游扶贫与生态保护的交互关系

旅游扶贫与生态保护交互关系的本质在于物质或能量的循环与转换。首先，旅游扶贫具有明显的资源依托性与资源消耗性，既需要生态环境系统为其提供必需的资源条件，又对生态环境系统具有明显的胁迫作用，其对生态环境系统可能造成冲击，致使生态环境系统退化。其次，为旅游扶贫提供基础条件的生态环境系统的资源与容量都是有限的，对旅游扶贫具有明显的约束限制作用，旅游扶贫只有在生态环境系统的承载力范围内展开，才能持续发展。如果旅游扶贫活动超过生态环境系统的承载能力，就可能导致旅游扶贫无法开展；当旅游扶贫发展受限时，人们开始意识到生态环境对旅游扶贫的重要价值，萌生环境保护意识，采取有效措施控制旅游扶贫的负面环境影响，不断修复与优化生态环境，以促进生态环境系统的可持续发展（图5-1）。

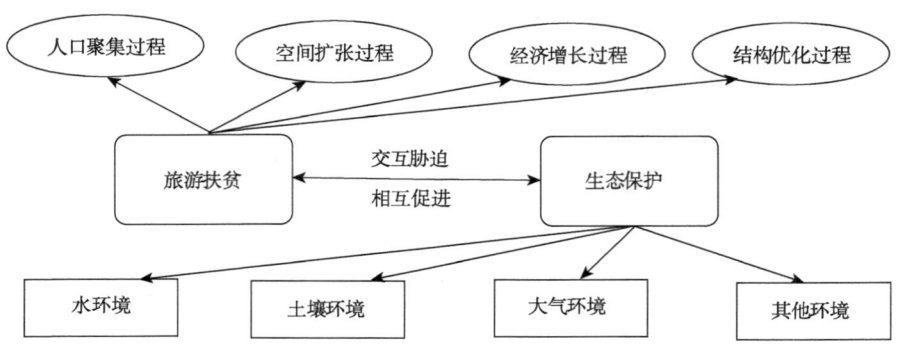

图 5-1 旅游扶贫与生态保护交互关系模型

一、旅游扶贫与生态保护的交互促进

（一）旅游扶贫促进生态保护

旅游扶贫能够促进贫困地区的社会经济发展，增强地方政府的财力，改善当地居民的物质生活品质，激发人们的环保意识，使其自觉保护生态环境，改善生态环境质量。

1. 旅游扶贫发挥环境教育功能

旅游扶贫开发区通过科学设计声像、图文和标牌等解说系统，实景展示和情景体验等，帮助旅游者在旅游活动中了解自然生态和环境知识，理性思考人类与环境的相互关系，从而强化旅游者的生态环保意识。与此同时，旅游扶贫开发有赖于良好的生态环境，也使贫困地区的旅游者、决策者、管理者，以及其他利益相关者逐渐意识到生态环境对旅游扶贫的重要价值，进而有意识地保护和修复生态环境。因此，旅游扶贫既能增强人们的环保意识，还能提升贫困地区居民的环境素养。

2. 旅游扶贫催生生态环保意识

旅游扶贫多是资源消耗型或环境依托型，要搞好旅游扶贫，通过发展旅游产业实现减贫脱贫目标，良好的生态环境是必备的基础条件。因此，在旅游扶贫过程中，要让更多的贫困地区居民意识到生态环境的重要价值，唤醒并逐渐增强其生态环保意识，使其自觉支持、参与生态保护行动。研究者在武陵山区的石柱县黄水镇的问卷调查表明：75%的当地居民认为旅游扶贫增强了当地政府和居民的生态保护意识，近 80%的居民认为当地政府应当更加关心生态环境安全，而不是只开展旅游扶贫，甚至有近 50%的居民认为保护生态环境比旅游扶贫更加重要[103]。可见，旅游扶贫对唤醒贫困地区居民的生态保护意识发挥了非常重要的作用。

3. 旅游扶贫改善生态环境质量

旅游扶贫促进贫困地区的社会经济发展，增加地方政府的财政收入，增强地方政府的经济实力，使地方政府逐渐具备兴建污水处理、垃圾处理等环境污染治理工程，采取有效措施保护和治理生态环境问题的能力，进而采取切实有效的措施净化美化旅游扶贫开发区的生态环境，提高生态环境质量水平。与此同时，旅游扶贫也让贫困地区居民受益，经济收入增加，生活质量得以改善，让其逐渐放弃原来的，如过度垦殖、伐木为薪等落后生产生活方式与习惯，也有利于生态保护。研究者在石柱县黄水镇的实地调查表明当地居民对此有强烈的感知，70%左右的当地居民认为旅游扶贫促进了当地垃圾、污水处理等环保设施建设，改善了当地的生态环境质量[103]。由此可见，旅游扶贫可以为生态环境保护提供强有力的资金支持，为改善生态环境质量提供物质基础。

（二）生态保护改善旅游扶贫的基础

1. 生态环境是旅游扶贫的物质载体

旅游扶贫需要良好的生态环境，因为生态环境为旅游扶贫提供必需的环境与资源，是开展旅游扶贫的前提条件。首先，生态环境为旅游扶贫提供基础资源。对于贫困地区而言，旅游扶贫开发、旅游产业的发展尤其依赖良好的资源环境条件，优美的自然环境，一道靓丽的风景，往往是贫困地区非常宝贵的旅游资源，旅游扶贫就是将优美的生态环境打造成具有吸引力的旅游产品出售给旅游者的过程。因此，生态环境一旦受到污染或破坏，不仅使旅游扶贫开发和旅游产业发展失去依托，而且让旅游者无法得到满意的旅游体验。因此，生态环境质量成为决定旅游扶贫的关键要素，是旅游扶贫赖以生存和发展的基本条件。其次，一切旅游活动都离不开生态环境。任何旅游活动总是仰仗特定的空间，旅游者总是期望旅游活动空间风景优美、空气清新、环境静谧、气候宜人，也只有这样的环境才适宜开展旅游活动，才能让旅游者体验到环境之美。

2. 生态保护优化旅游扶贫的资源环境条件

生态保护是针对自然生态系统和人工复合生态系统存在的问题而实施的保护、保育、修复、恢复重建乃至新建等综合治理行为。通过生态保护，可以使具有不可再生性的旅游资源得以永续存在，缺损性旅游资源得到修复，生态环境污染得到治理，生态系统的整体性、多样性、可持续性和平衡性有可靠保障，生态环境质量进一步优化，为旅游扶贫和旅游业发展创造更好、更优的资源环境条件。

二、旅游扶贫与生态保护的相互胁迫约束

（一）旅游扶贫对生态保护的胁迫

第一，旅游扶贫开发及游憩活动消耗水资源，影响水环境质量。旅游扶贫开发和游憩活动会增加旅游扶贫开发区的水资源需求量，在一定程度上加重当地供水系统的负荷，甚至引起旅游地的水资源紧张现象[104]。实地调查发现重庆武隆县仙女山镇由于大规模的旅游扶贫开发，旅游业高速发展，该镇的生活用水量从2004年的0.2万吨增加到2016年的200多万吨，生活用水量增长1000倍，在旅游度假高峰时段，场镇居住者可达15万人/天，生活用水相当紧张。石柱县黄水镇同期的生活用水量也增加了12倍①。在旅游发展过程中，旅游者产生的生活废水和排泄物、旅游设施排放的污水，以及旅游活动中出现的垃圾等固体废弃物未经处理或处理不当排入水体，都会导致水质下降[104]。

第二，旅游扶贫开发与游憩活动改变动植物及其生境。在旅游扶贫开发区，旅游景点、道路、食宿设施、商店、游乐中心等基础设施的建设、大型设施设备的安装，都可能导致大面积的植物被砍伐、清除或移植，甚至造成部分珍稀植物的灭绝，使植物盖度下降、种类迅速减少。旅游者和交通工具携带的病菌、外来植物种子也是引起旅游区原生植物死亡，被外来植物替代而使植物种群发生演替的重要原因。旅游者的触摸、采摘与刻画直接威胁到珍稀植物，特别是花科植物的生存。人畜踩踏、露营等行为导致植物的种类迅速减少，盖度、高度迅速下降。旅游扶贫开发与游憩活动对野生动物的影响包括干扰、伤害、猎杀及栖息环境的改变，从而引起野生动物生活习性变化，迁移、繁殖能力下降，最终导致其数量减少、种群结构变化。在旅游扶贫开发区，动物可能受到旅游工程建设过程中如爆破声、工程机械与车辆轰鸣声及旅游者的干扰而惶恐不安，甚至引起荷尔蒙分泌减少，繁殖能力降低。因工程建设需要而大量清除植被，使野生动物失去固有的生存空间，迫使野生动物离开原来的栖息地，其数量与种群逐渐减少。游客对旅游区内植被的破坏、践踏及在非道路区驾车等行为导致动物的生活环境退化，给动物喂食可能改变动物自身的觅食规律，在游览区内丢弃食物、废物等可能引起动物的病害甚至中毒，尤其是部分游客有意追赶、围堵、诱捕、伤害动物，会对动物的生存造成极大的威胁[104]。

第三，旅游扶贫开发与游憩活动改变土壤结构与理化性质。旅游道路、食宿设施、游乐设施、索道等基础设施的建设导致旅游扶贫开发区局部植被破坏，弃土堆积，土壤结构变化，进而引起不同程度的水土流失，甚至引发滑坡、塌方、

---

① 该数据由重庆武隆县仙女山镇政府和石柱县黄水镇政府提供。

危岩崩落等地质性灾害。游憩活动对土壤环境的影响方式是多种多样的。一是旅游者的排泄物及丢弃的难分解的塑料袋、易拉罐、塑料瓶等垃圾进入土壤，易使土壤结构发生变化，土壤微生物活动减少，特别是残余的饮料汁液溅洒到土壤里，使局部土壤酸碱度发生变化。二是旅游地管理部门在旅游区环境维护过程中使用的化学物品，如化肥、农药等残留物浸入土壤，通常会改变土壤的理化性质。三是人畜踩踏与车辆碾压会对土壤的硬度、容重、有机质含量、含水量、酸碱度等理化性质产生不同程度的影响。踩踏使游道呈现出单侧节型、双侧节型、十字节型、单侧链型、双链型、捷径链型等多种形态；随踩踏强度增加，土壤容重、酸碱度呈递增趋势，土壤有机质、水分、总氮、总磷、有效态氮、有效态磷、有效态钾的含量，以及与碳、氮、磷循环联系在一起的土壤呼吸量和生化酶活动量呈递减趋势[104]。

第四，旅游扶贫开发与游憩活动导致空气质量下降。在旅游区与旅游活动相关的大气污染源主要有旅游者呼出的二氧化碳，旅游交通工具等排放的废气，餐馆、酒店等服务设施燃料产生的烟气，旅游开发建设、交通工具和频繁的旅游活动引起的扬尘等，使旅游地大气中的二氧化碳、二氧化硫、二氧化氮、甲烷等有害气体及粉尘、悬浮物的含量增加，使旅游地的大气环境受到不同程度的污染[104]。根据调查发现：由于大规模的旅游工程建设和场镇人口快速增长，重庆武隆县仙女山镇的生活废气排放量由 2004 年的 1000 万标方增加到 2016 年的 1350 万标方，空气质量优良天数率从 2004 年的 98%下降至 2016 年的 90%，石柱县黄水镇的生活废气排放量由 2004 年的 294 万标方增加到 2016 年的 1968 万标方，空气质量优良天数率也从 2004 年的 100%下降至 2016 年的 97%①。

第五，旅游扶贫开发改变旅游地原生的景观环境。随着旅游业快速发展，旅游区的游客量不断增加，游客踩踏使游览步道周围的地表植物减少甚至完全消失，地表裸露；工程建设引起土壤侵蚀，水土流失，地貌破碎；服务设施、游憩设施不断增多，旅游地的开阔空间被挤占，优美的自然环境被旅游设施分割成大小不等的斑块，从而使旅游地的自然景观破碎化[104]。

（二）生态保护对旅游扶贫的约束限制

1. 生态环境恶化使旅游扶贫丧失生存与发展基础

生态环境退化会严重影响旅游者的旅游体验与感受，使其产生严重的抵触情绪，拒绝进入旅游地区而影响旅游发展，甚至阻碍旅游发展。比如，一些旅游扶贫开发区大规模兴建旅游设施、开发旅游度假地产，导致旅游地人满为患，生活

---

① 该数据由重庆武隆县仙女山镇政府和石柱县黄水镇政府提供。

用水、燃气、电力等供应紧张；车水马龙，道路拥堵不堪，噪声不绝于耳，导致旅游者难以获得悠闲轻松愉悦的旅游体验，进而对旅游地的满意度下降，使旅游地的市场吸引力与影响力下降，旅游业萎缩。粉尘污染造成空气污染而影响游憩活动，水土流失引发地质灾害、洪涝灾害等直接损毁旅游地的基础设施与服务设施，甚至酿成旅游者的伤亡事故，使旅游业元气大伤。

2. 生态环境承载力约束

生态环境承载力是指在特定的时间和生态环境条件，以及不影响区域生态系统正常功能发挥的前提下，生态环境能够承受人类活动的强度极限。对于旅游扶贫开发区而言，生态环境的脆弱性尤为突出，生态环境的正常功能在旅游扶贫开发活动的影响下很容易丧失，这种正常功能一旦丧失就很难恢复到原有水平。因此，过度的旅游扶贫开发必然会严重危害生态环境。因此，旅游地不仅要确定在不对旅游区生态环境造成永久性破坏的前提下，旅游区的环境空间所能容纳的旅游者数量，即旅游区环境容量，而且要考虑旅游地基础设施和服务设施的供给能力，并且只能以各要素中的最小容纳量作为旅游地环境容量的极限值，只有这样，才能避免旅游扶贫活动对生态环境的破坏，才能确保旅游扶贫持续发展。

第二节 旅游扶贫与生态保护的耦合机理

一、旅游扶贫与生态保护的耦合

耦合是两个或两个以上系统交互影响与作用而渐趋协同的现象，也是各子系统通过交互作用，从无序向有序演进，实现协同状态的动态发展过程。系统耦合只有在子系统之间存在内在联系、具有物质能量的异质性，以及具有联系各子系统的耦合途径的条件下才能发生。

从系统论的角度看，旅游扶贫就是一个系统，是以旅游资源开发为媒介，由相互联系、相互作用的各个组成要素构成的一个有机整体。生态系统则是人类赖以生存和发展的资源数量与质量的总称。人们在发展旅游的过程中，如果不重视系统的整体性与系统之间的关联性，不关心旅游扶贫系统的生态环境适应性，也不关注生态环境的约束限制效应，旅游发展就可能破坏生态系统。因此，从系统思维角度出发，可以把旅游扶贫系统和生态保护系统视为交互作用、相互耦合而成的，具有特定功能和结构的复合系统。

如果将旅游扶贫与生态保护两个系统的相互作用、交互影响看成是旅游扶与生态保护交互耦合系统,其耦合关系则表现为两大系统的各要素间形成的非线性关系的总和。

依据环境库兹涅茨曲线和旅游地生命周期理论,我们发现随着旅游扶贫进程加速、旅游业快速发展,旅游扶贫对生态环境的胁迫效应愈加明显,生态环境压力越来越大,出现阈值 T_1,生态环境对旅游扶贫的约束限制作用凸显,旅游扶贫被迫减速。此时,人们开始意识到生态环境对旅游扶贫的重要性,萌生环保意识,投入财力保护生态环境,使生态环境质量得以改善,两大系统的矛盾得到缓和。随着生态环境质量的改善,又为旅游扶贫创造了再次快速发展的机会,旅游扶贫又一次进入快速发展时期,对生态环境的胁迫效应又迅速增大,生态环境再次出现退化,进而出现第二次拐点 T_2,旅游扶贫不得不再次减速。由此可见,旅游扶贫与生态保护两大系统就这样循环往复,不断调整磨合,其交互耦合的动态演化轨迹体现为多个"N"形曲线组成的阶梯式上升曲线。[73]两大系统通过交互耦合,不断优化资源配置与系统结构,最终实现由低水平协调向高水平协调的转变(图 5-2)。

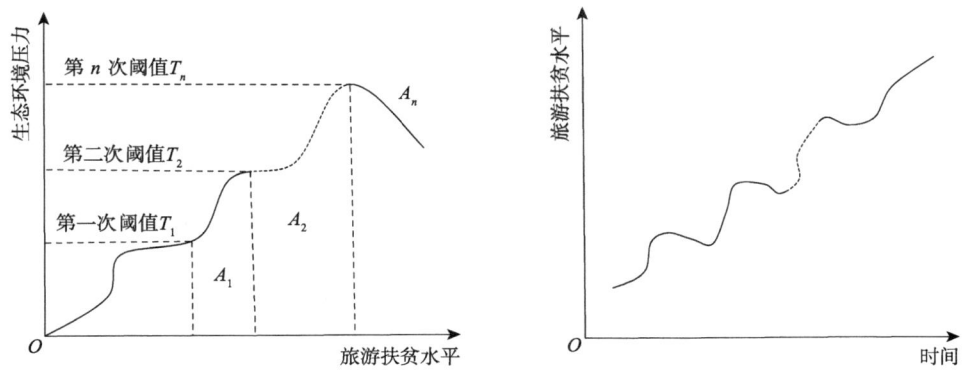

图 5-2 旅游扶贫与生态保护交互耦合动态演进轨迹

二、旅游扶贫与生态保护耦合的基本规律

(一)交互裂变律

在旅游扶贫与生态保护的交互耦合系统中,每一个要素的变化通过整个系统的耦合作用而产生联动效应。一是升压效应,即旅游扶贫与生态保护交互耦合系统的变化加大。二是减压效应,即旅游扶贫与生态保护交互耦合系统的变化减小。三是恒压效应,即旅游扶贫与生态保护交互耦合系统的变化不明显。

在旅游扶贫与生态保护的交互耦合系统中的关键作用因子是人,而人在旅游扶贫与生态保护的交互耦合系统中，既有自然属性又有社会属性，深刻影响着生态系统的演化速度与方向。由于人类活动的介入，旅游扶贫系统通过物质流和能量流作用于生态保护系统。如果旅游扶贫系统为追求扶贫效果，片面强调旅游发展速度，过度索取生态系统的资源，同时向生态系统排放大量的污染物，就会使生态系统退化乃至崩溃，生态保护与旅游扶贫因子的耦合稳态产生裂变，使生态链因子出现"断链现象"。如果旅游扶贫系统改变传统的旅游发展方式，重视生态环境保护，修复生态环境，使生态系统稳定演进，就能促进生态系统的持续发展。

（二）层级变化律

旅游扶贫与生态保护的交互耦合系统能否平衡，关键取决于生态环境对旅游扶贫系统需求的满足程度。如果生态环境能满足旅游扶贫系统的需求，生态保护与旅游扶贫处于优等耦合状态，系统发展呈现出很强的可持续性。如果生态环境较能满足旅游扶贫系统的需求，生态保护与旅游扶贫处于良好耦合状态，系统发展具有较强的可持续性。如果生态环境基本满足旅游扶贫系统的需求，生态保护与旅游扶贫处于中等耦合状态，系统发展进入准可持续状态。如果生态环境不太能满足旅游扶贫系统的需求，生态保护与旅游扶贫处于尚可耦合状态，系统发展的可持续性减弱。如果生态环境不能满足旅游扶贫系统的需求，生态保护与旅游扶贫处于劣等耦合状态，系统发展不可持续（表5-1）。

表 5-1 旅游扶贫与生态保护耦合的层级与强度

层级	需求满足程度	耦合程度	耦合状态评估	系统发展态势评估	演替方向
一	满足	强耦合态	优态	强可持续性	------→
二	较满足	较强耦合态	良态	较强可持续性	-----→
三	基本满足	中等耦合态	中等态	准可持续性	----→
四	弱满足	较弱耦合态	尚可态	弱可持续性	---→
五	不满足	弱耦合态	劣态	不可持续性	-----↓

（三）涨落演化律

根据耗散结构论，旅游扶贫与生态保护系统的交互耦合过程应当是一个动态变化的涨落过程，也就是说旅游扶贫与生态保护的交互耦合系统是具有时间组织性的动态系统，具有随机涨落特征。依据耗散结构熵的理论，系统熵的二阶超量所做的贡献决定系统涨落的产生、增强与减弱，系统的超熵 $\delta\chi\rho = \dfrac{\mathrm{d}}{\mathrm{d}t}\left(\dfrac{1}{2}\delta^2 S\right)$，其中，$\delta^2 S$ 为描述交互耦合系统微分方程的李雅普诺夫函数，根据局域平衡假设，

恒有 $\delta^2 S = 0$。

当 $\dfrac{d}{dt}\left(\dfrac{1}{2}\delta^2 S\right) > 0$ 时，系统内部产生的涨落变化非常小，对系统的演化影响不大，旅游扶贫与生态保护的交互耦合系统处于渐进协调态。当 $\dfrac{d}{dt}\left(\dfrac{1}{2}\delta^2 S\right) = 0$ 时，旅游扶贫与生态保护的交互耦合系统处于临界协调态。当 $\dfrac{d}{dt}\left(\dfrac{1}{2}\delta^2 S\right) < 0$ 时，旅游扶贫与生态保护的交互耦合系统处于非协调态[73]。

系统内部产生的微小涨落会引起整个系统的巨大变化，此时系统从一种不稳定的低级协调态跃变为另外一种新的有序的高级协调态（图5-3）。

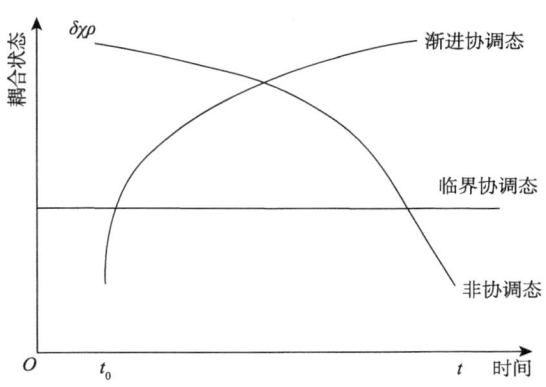

图 5-3 旅游扶贫与生态保护交互耦合的涨落过程

（四）非线性协同律

依据耗散结构论，旅游扶贫与生态保护的交互耦合系统是一个错综复杂的，由旅游扶贫子系统各要素间、生态保护子系统各要素间，以及两个子系统所有要素间非线性相互作用的系统。其中，旅游扶贫系统是输入营养的"营养汇"，生态保护系统则是输出能量物质的"营养源"，二者交互促进又相互胁迫约束，存在着非常复杂的，如反馈、自我催化、自我组织、自我复制等非线性相互作用。众多影响因素的个体微小行为在非线性相互作用的影响下"协同"和"合作"，最终形成一个非常复杂的、具有层次结构的大系统。

一个好的耗散结构具有较强的自我调节、抵抗外界干扰的能力，可以使系统的熵值变小，从而使得系统更加稳定，向着更好的结构发展。但是，非良性的耗散结构就会增加系统的波动性，使其熵值变大，导致系统不能正常运作，反过来又会进一步恶化系统结构，这种恶性循环导致这个系统的耗散结构彻底消失灭亡。

因此，人们在旅游扶贫开发过程中，要想各种影响因素之间的非线性相互作用产生良性效应，不能仅仅重视诱发扰动，更要关注和控制扰动的幅度和方向，才能优化旅游扶贫与生态保护交互耦合系统的结构与功能。

（五）阈值限制律

阈值又叫临界值，是指一个效应能够产生的最低值或最高值。依据阈值理论，当旅游扶贫活动对生态环境的影响超过一定限制时，旅游扶贫的进程就会受到生态环境的限制约束，甚至由于生态环境的反击而迫使旅游扶贫向相反方向运动[73]。因此，采取适度旅游扶贫开发策略，科学设定生态环境的容量和旅游扶贫开发的警戒值，才能使旅游扶贫与生态保护两大系统和谐协调，实现可持续发展。

三、旅游扶贫与生态保护的耦合态势演化规律

一般情况下，生态环境伴随旅游产业的发展而呈现出先衰退后改善的耦合规律，耦合变化过程通常会经历低水平协调、改善磨合、拮抗和高水平协调四个阶段[73]。

（一）低水平协调阶段

在旅游扶贫的起步期，旅游产业发展速度较慢，产业规模较小，旅游扶贫开发对生态环境的冲击较小，胁迫效应不明显；而生态环境也能承受和消纳旅游扶贫的负面影响，能够满足旅游扶贫的需求，对旅游扶贫的约束限制作用也不明显，旅游扶贫的速度与规模距生态环境承载力的阈值还比较远。

（二）改善磨合阶段

在旅游扶贫进入成长期后，随着旅游扶贫的快速推进，旅游产业规模逐渐扩大，旅游扶贫对生态环境的依赖性增强，同时对生态环境的消极影响也在增强，胁迫效应逐渐明显，两大系统之间的矛盾显现。如果两大系统的演化速度都处于上升状态，且生态保护系统的演化速度快于旅游扶贫系统，那么生态环境还满足旅游扶贫的要求，两大系统的交互耦合处于改善阶段。如果生态保护系统的演化速度等于旅游扶贫系统的演化速度，那么两大系统处于协调发展状态。如果生态保护系统的演化速度慢于旅游扶贫系统的演化速度，说明旅游扶贫对生态环境的胁迫作用增强，生态环境出现退化，已不能适应旅游扶贫的要求，对旅游扶贫的

约束限制效应也渐趋明显，旅游扶贫与生态保护两大系统处于交互影响、矛盾从尖锐到缓和再到尖锐的磨合阶段。

（三）拮抗阶段

在旅游扶贫进入成熟期后，旅游产业的规模进一步扩大，旅游者大量涌入，旅游扶贫对生态环境的消耗急剧增加，旅游扶贫开发和游憩活动给生态环境造成的破坏日益加剧。与此同时，生态保护系统在旅游扶贫系统的冲击与胁迫之下，已不能满足旅游扶贫的要求，对旅游扶贫的约束限制作用越来越突出，旅游扶贫系统与生态保护系统之间的矛盾愈演愈烈，当旅游扶贫发展逼近生态环境容量极限值时，旅游扶贫与生态保护系统均会出现不同程度的衰退，其交互耦合处于拮抗阶段。

（四）高水平协调阶段

当旅游扶贫进入成熟期的中后期，旅游扶贫在生态环境的约束限制之下，发展速度趋缓，甚至出现停滞，人们逐渐意识到生态保护的重要性与紧迫性，开始采取积极有效的措施控制旅游扶贫对生态环境的冲击，治理旅游污染，旅游扶贫对生态环境的负面影响逐渐得到遏制，两大系统之间的矛盾逐渐缓和甚至消除，旅游扶贫与生态保护之间的交互约束胁迫关系转化为交互促进关系，两大系统的交互耦合进入和谐发展的高水平协调阶段。

第六章　旅游扶贫与生态保护耦合模型建构

本章在遵循系统性、科学性、可获取性等基本原则的前提下，创建包括旅游扶贫压力、旅游扶贫投入和旅游扶贫效率三大子系统的旅游扶贫系统评价体系，以及包括生态环境压力、生态保护投入和生态保护效率三大子系统的生态保护系统评价体系，并依据系统评价的基本思路构建旅游扶贫与生态保护两大系统的多因素综合评价模型。依据系统论、协同论和耗散结构论创建旅游扶贫与生态保护的系统演化模型、耦合发展态势评估模型及耦合发展态势的评判标准。

第一节　旅游扶贫与生态保护耦合评价体系建构

一、构建旅游扶贫与生态保护耦合评价体系的基本原则

（一）系统性

系统性原则要求在构建评价体系时，一定要根据评价对象的特点尽可能全面地选择各级各类指标，系统设计指标层次。评价体系内的各种指标既要全面反映评价区域旅游扶贫与生态保护的主要属性和相互关系，又要全面反映旅游扶贫与生态保护交互耦合系统相互作用的状态和趋势。

（二）科学性

首先，选取的指标要经过科学分析，能反映评价对象的实际状态，能体现旅游扶贫与生态保护的基本属性。其次，每个指标必须界定清楚，内涵明确，这样

才能保证评价体系科学严谨、客观合理。

（三）可获取性

旅游扶贫与生态保护是两个动态变化的复杂系统，涉及多个子系统和众多要素，评估两大系统的动态演进过程，既要考虑某个时点的能够反映系统现状的相对稳定的指标，也要考虑能够反映系统发展趋势的动态变化指标，其评价指标也是一个庞杂的体系，需要从各种视角去搜集相关数据与资料，相关数据的获取难度相当大。因此，在构建评价指标体系时，不得不考虑与各项指标相关的数据是否具有可获取性，否则评价体系就无法真正建立起来。

二、旅游扶贫与生态保护耦合态势的评价体系

旅游资源的分布具有特定的地域性，旅游扶贫开发也通常集中在具有良好旅游资源与环境条件的区域。笔者在武陵山区、秦巴山区、乌蒙山区、滇桂黔石漠化区等连片特困地区实地考察调研后发现：在精准扶贫思想的指导下，旅游扶贫要实现预期目标，达到精准脱贫的目的，通常其空间尺度局限于镇（乡）级或村级范围。鉴于在村级空间尺度下对旅游扶贫与生态保护两大系统某一时期的耦合态势进行评价时，无论是旅游扶贫还是生态保护的相关指标都缺乏连续的时间序列数据，笔者选取镇（乡）域作为实证研究区域的空间尺度既可以提高研究活动的地域针对性，也可以获取相关统计数据，保障研究工作的可实现性。与此同时，根据连片特困地区旅游扶贫开发的主导性路径，笔者选择了以依托旅游景区重点开发商业性旅游地产和依托旅游景区重点发展农家乐（旅馆）等乡村度假设施两种不同类型的样本区域进行实证研究。

（一）旅游扶贫系统的评价指标体系

旅游扶贫是利用贫困地区的特色资源发展旅游产业，带动区域社会经济发展，让当地居民增收，使居民逐步脱贫致富的一系列开发建设与管理活动。将旅游扶贫视为一个系统，就应当从系统的角度综合考虑和选取相应的评价指标对系统进行评价。有鉴于此，笔者将旅游扶贫系统分解为三个子系统。一是旅游扶贫压力子系统。这是促使贫困地区开展脱贫攻坚，实施旅游扶贫开发的动力系统；笔者将镇（乡）域贫困人口作为旅游扶贫压力子系统的评价指标。二是旅游扶贫投入子系统。这是关乎旅游扶贫系统能否正常运行的基础性子系统，要实现旅游扶贫目标，在实施旅游扶贫战略过程中必须有旅游资源、基础设施和服务接待设施等

要素投入；对于依托旅游景区开发商业性旅游地产为主的旅游扶贫样本区域，主要选取了旅游景区（点）、住宿设施床位、餐厅餐位、固定资产投入额、旅游度假地产开发量等5项指标；对于依托旅游景区重点发展农家乐（旅馆）等乡村休闲设施的旅游扶贫样本区域，主要选取了旅游景区（点）、住宿设施床位、餐厅餐位、固定资产投入额等4项指标。三是旅游扶贫效率子系统。这是衡量旅游扶贫系统整体运行绩效的子系统，在旅游扶贫开发过程中，各种要素投入后就应该有一定的产出，同时旅游扶贫具有较强的关联带动效应，在促进区域社会经济发展的基础上，帮助贫困人口脱贫致富，实现旅游扶贫的整体目标。因此，笔者主要选取了旅游者人数、旅游综合收入、社会消费品零售总额（以下统称社零销售额）、农民人均年收入、城镇居民人均年收入、地区财政收入、地区生产总值、旅游脱贫人口等8项反映旅游扶贫整体效率的指标（表6-1和表6-2）。

表 6-1　商业性旅游地产类样本区旅游扶贫系统的评价指标

旅游扶贫子系统	评价指标	计量单位
旅游扶贫压力子系统	贫困人口	人
旅游扶贫投入子系统	旅游景区（点）	个
	住宿设施床位	张
	餐厅餐位	个
	固定资产投入额	亿元
	旅游度假地产开发量	万米^2
旅游扶贫效率子系统	旅游者人数	万人次
	旅游综合收入	亿元
	社零销售额	亿元
	农民人均年收入	元
	城镇居民人均年收入	元
	地区财政收入	万元
	地区生产总值	亿元
	旅游脱贫人口	人

表 6-2　农家乐（旅馆）类样本区旅游扶贫系统的评价指标

旅游扶贫子系统	评价指标	计量单位
旅游扶贫压力子系统	贫困人口	人
旅游扶贫投入子系统	旅游景区（点）	个
	住宿设施床位	张
	餐厅餐位	个
	固定资产投入额	亿元

续表

旅游扶贫子系统	评价指标	计量单位
旅游扶贫效率子系统	旅游者人数	万人次
	旅游综合收入	亿元
	社零销售额	亿元
	农民人均年收入	元
	城镇居民人均年收入	元
	地区财政收入	万元
	地区生产总值	亿元
	旅游脱贫人口	人

（二）生态保护系统的评价指标体系

生态保护是人们运用生态学的理论与方法对生态系统实施保护保育、修复恢复乃至新建的综合治理措施，其目的是维护生态系统的健康安全。笔者在借鉴压力-状态-响应（pressure-state-response，PSR）模型并结合旅游扶贫对生态环境的作用机制的基础上，认为旅游扶贫地区的生态保护系统也应当包括以下三个子系统。一是生态环境压力子系统。该系统体现了旅游扶贫开发在追求经济社会效益的过程中对区域生态环境造成的一定程度的胁迫效应，这是促使旅游扶贫开发区为保障区域生态环境安全和产业发展需要而不得不采取生态保护行动的驱动因素，笔者主要选取旅游扶贫开发区的生活污水排放量、生活垃圾清运量、生活废气排放量等3项污染负荷指标。二是生态保护投入子系统。该系统体现了旅游扶贫开发区为了实现旅游发展可持续目标，保障区域生态环境安全而采取的一系列生态环境保护措施。主要选取了直接环保投入、造林面积、生活污水日处理量、生活垃圾收运设施等4项指标。三是生态保护效率子系统。该系统反映了旅游扶贫开发区通过采取各种生态环境保护措施后区域生态环境质量的改善状况。主要选取了森林覆盖率、人均公共绿地面积、生活饮用水达标率、生活污水处理率、空气质量优良天数率和生活垃圾处理率等6项指标（表6-3）。

表6-3 生态保护系统的评价指标

旅游扶贫子系统	评价指标	计量单位
生态环境压力子系统	生活污水排放量	万吨
	生活垃圾清运量	吨
	生活废气排放量	万标方
生态保护投入子系统	直接环保投入	万元
	造林面积	公顷
	生活污水日处理量	吨
	生活垃圾收运设施	个

续表

旅游扶贫子系统	评价指标	计量单位
生态保护效率子系统	森林覆盖率	
	人均公共绿地面积	米^2
	生活饮用水达标率	
	生活污水处理率	
	空气质量优良天数率	
	生活垃圾处理率	

第二节 旅游扶贫与生态保护耦合态势模型建构

一、旅游扶贫与生态保护的耦合态势模型

承前所述,在旅游扶贫初期由于旅游业发展水平不高,对生态环境的胁迫作用不明显,生态环境能够满足旅游扶贫系统的需求。当旅游扶贫蓬勃开展起来,资源消耗增多,旅游污染趋重,对生态环境造成的压力随之增大,旅游扶贫与生态保护之间的矛盾日趋尖锐。随着旅游扶贫深入开展,区域经济状况得到改善,人们的生态保护意识逐渐增强,生态保护受到重视,生态环境趋于改善,旅游扶贫与生态保护从矛盾冲突逐渐走向和谐协调。因此,旅游扶贫系统与生态保护系统存在相互约束、交互促进的耦合关系。

依据系统演化理论,旅游扶贫系统(T)与生态保护系统(E)的一般函数为

$$f(T) = \sum_{i=1}^{n} a_i x_i$$

$$f(E) = \sum_{i=1}^{n} b_i y_i$$

其中,$i = 1, 2, \cdots, n$;x_i, y_i 分别为旅游扶贫系统和生态保护系统的指标;a_i, b_i 分别为各指标的权重。

旅游扶贫系统与生态保护系统是一个整体,$f(T)$ 与 $f(E)$ 是整个系统的主导要素。因此,系统演化方程如下。

旅游扶贫系统:

$$A = \alpha_1 f(T) + \alpha_2 f(E)$$

生态保护系统:

$$B = \beta_1 f(T) + \beta_2 f(E)$$

其中,A 和 B 分别为旅游扶贫系统和生态保护系统受自身与外界环境影响下的演化状态和相互影响的关系,也就是说其中任何一个子系统发生变化都会引起整体

系统的变化。在受自身与外界环境影响下，两个子系统的演化速度如下。

旅游扶贫系统：

$$V_A = \frac{dA}{dt}$$

生态保护系统：

$$V_B = \frac{dB}{dt}$$

协同论认为，系统从无序走向有序的关键在于系统内部各要素之间的协同作用，其决定着系统的特征和演化规律，体现系统之间或系统内部各要素之间相互作用、相互影响的程度，也就是说两大系统的耦合程度能够反映系统由无序走向有序的变化趋势。假定 V_A 和 V_B 的夹角 α 满足 $\tan\alpha = V_A/V_B$。那么耦合度的计算模型应为

$$\alpha = \arctan\left(\frac{V_A}{V_B}\right)$$

二、旅游扶贫与生态保护耦合态势的评判标准

参照旅游地生命周期理论和耗散结构论，生态环境随着旅游扶贫的推进呈现出先衰退后改善的耦合规律，耦合变化过程通常会经历低水平协调、改善磨合、拮抗和高水平协调四个阶段（图6-1）。

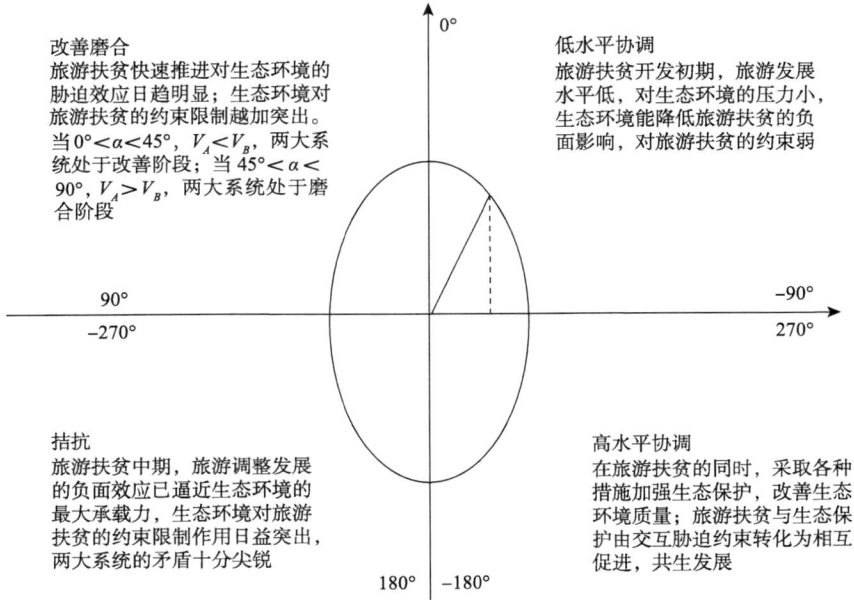

图6-1　旅游扶贫与生态保护耦合态势判定标准——耦合度解析模型

（一）低水平协调阶段

当 $-90° < \alpha < 0°$ 时，旅游扶贫与生态保护系统处于低水平协调阶段。在这一阶段旅游扶贫系统发展水平较低，生态环境容载能力强，旅游扶贫对生态环境的负面影响不大，生态环境能够承载和消化旅游扶贫的消极后果，也就是说生态环境对旅游扶贫的约束作用较弱，旅游扶贫对生态环境的胁迫作用也较小。

（二）改善磨合阶段

当 $0° < \alpha < 90°$ 时，旅游扶贫与生态保护系统处于改善磨合阶段。旅游扶贫快速发展对生态环境的胁迫作用逐渐显现出来，生态环境对旅游扶贫的约束与限制作用也逐渐明显，但两大系统之间的矛盾并不十分尖锐。其中，当 $0° < \alpha < 45°$，$0 < \tan\alpha < 1$，$V_A < V_B$ 时，说明生态保护系统的演化速度超过旅游扶贫系统的演化速度，生态保护系统能够承载旅游扶贫的需要，两大系统处于改善阶段。当 $\alpha = 45°$，$\tan\alpha = 1$，$V_A = V_B$ 时，说明旅游扶贫与生态保护两大系统处于较低层次的和谐发展状态。当 $45° < \alpha < 90°$，$\tan\alpha > 1$，$V_A > V_B$ 时，说明旅游扶贫与生态保护系统开始相互影响，矛盾由缓和到尖锐，处于不断交替磨合阶段。

（三）拮抗阶段

当 $90° < \alpha < 180°$ 时，说明旅游扶贫快速推进，旅游扶贫开发活动和游憩活动对生态保护系统的负面冲击日益加剧，旅游扶贫与生态保护之间的矛盾越来越尖锐，旅游扶贫的发展越来越接近生态环境容载能力的最大阈值，旅游扶贫系统与生态保护系统处于拮抗阶段。

（四）高水平协调阶段

当 $-180° < \alpha < -90°$ 时，表明旅游扶贫与生态保护系统之间由交互胁迫约束转化为相互促进，即在旅游扶贫过程中更加注重生态环境的保护，旅游扶贫与生态保护同步推进、共生发展，旅游扶贫系统与生态保护系统步入高水平协调阶段。

第七章　实证研究区域的旅游扶贫与生态保护

本章基于代表性、过程性及可支撑性原则甄选出重庆市武隆县仙女山镇、石柱县黄水镇、奉节县兴隆镇，以及广西壮族自治区巴马县甲篆镇等4个在连片特困地区的旅游扶贫开发中具有典型意义的实证研究区域，并全面分析其资源环境条件、旅游扶贫模式及生态保护的主要举措。

第一节　实证研究区域的甄选

一、甄选实证研究区域的基本原则

旅游扶贫要实现其带动区域社会经济发展，让真正的贫困人口能够脱贫致富，但由于旅游资源空间分布的局限性，通常只能在较小尺度空间范围内展开。因此，在甄选实证研究区域时主要考虑了以下几个原则。一是代表性。也就是在连片特困地区中选择旅游扶贫工程影响大，效果明显且具有较好的示范意义的旅游扶贫开发区作为实证研究区域。二是过程性。本书在探索旅游扶贫与生态保护两大系统耦合发展态势的基础上，设计促进旅游扶贫与生态保护和谐协调发展的耦合机制，因此需要考察某个特定区域旅游扶贫与生态保护的动态演化过程，需要时间序列数据作为本书的研究基础。三是可支撑性。本书需要某一特定区域某一时期旅游扶贫与生态保护相关的基础数据，因此所选择的研究区域必须有相关数据记载，能够满足本书的旅游扶贫与生态保护系统评价指标体系对各类指标的数据需求。

二、实证研究区域的确定

基于以上三个方面的考虑，本书课题组先后深入到武陵山区（重庆、湖北）、秦巴山区（重庆）、乌蒙山区（贵州）、滇桂黔石漠化区（广西）等连片特困地区进行实地调研，考察当地旅游扶贫与生态保护的现状及存在的主要问题；广泛搜集旅游扶贫与生态保护的相关统计资料，挖掘有价值的数据资源，并在此基础上，根据调研区域相关数据的完整性、可靠性和连续性，最终选择依托知名旅游景区重点开发商业性旅游地产为主导扶贫模式的，位于武陵山区和重庆市渝东南地区的旅游扶贫名镇石柱县黄水镇、武隆县仙女山镇，以及依托知名旅游景区重点发展农家旅馆（农家乐）为主导扶贫模式的，位于秦巴山区和重庆市渝东北地区的奉节县兴隆镇和位于滇桂黔石漠化区的巴马县甲篆镇作为本书的实证研究区域。

第二节 实证研究区域的旅游扶贫模式与生态保护举措

一、武隆县仙女山镇的旅游扶贫与生态保护

（一）武隆县情

武隆县位于连片特困地区——武陵山区西部和重庆市渝东南地区的西北部，地区面积 2901 平方千米，2016 年全县总人口 41.44 万人。地处乌江下游，武陵山与大娄山之间的峡谷地带，319 国道、渝湘高速、南涪高速、南涪铁路、渝怀铁路横贯全境，乌江航道连接东西，仙女山机场正在建设之中，交通网络四通八达。

武隆县生态环境较好，资源丰富。海拔 160~2033 米，属四季分明的亚热带季风性湿润气候，因山地原因，立体气候明显。2015 年林业用地面积 332.4 万亩，森林覆盖率达 61%。武隆县被评为全国首批生态文明先行示范区和生态文明示范工程试点县。

武隆县旅游资源丰富，特色鲜明，旅游业高速发展。武隆县集大娄山脉之雄，武陵风光之秀，乌江画廊之幽，被誉为世界喀斯特生态博物馆。拥有世界上规模最大、最高的串珠式天生桥群——天生三桥，地质奇观——龙水峡地缝，"山城夏宫""东方瑞士"——仙女山，中国列入《世界遗产名录》的喀斯特溶洞——芙蓉洞，水上喀斯特森林——芙蓉江，世界唯一的冲蚀型天坑——后坪天坑，世界口部面积最大的天坑——中石院天坑，世界最大和亚洲最深的竖井群——天星竖井群，亚洲最长的洞穴——桐梓山洞穴群，世界上已探明的最高洞厅——二龙口

洞、亚热带"生物基因库"——白马山，国内稀有的集群式漂流——木棕河、黄柏渡，水上乐园——芙蓉湖，以及长孙无忌墓、刘秋佩故居等200多处自然人文景观。武隆县已开发建成仙女山、天生三桥、龙水峡地缝、芙蓉洞等AAAAA级旅游景区，并成功获得"国家级旅游度假区"称号。

武隆县作为连片特困地区武陵山区和重庆市渝东南地区的一部分，社会经济相对落后，贫困人口众多。至2013年底全县共有扶贫对象14 035户50 027人。其中，A类深度贫困户1798户5270人，B类中度贫困户8180户29 286人，C类轻度贫困户4057户15 471人[①]，是重庆市脱贫攻坚的重要区域。2017年11月，武隆县正式退出"国家扶贫开发工作重点县"。

（二）仙女山镇的旅游扶贫

仙女山镇位于武隆县中北部，地区面积278平方千米，海拔260~1930米，立体气候明显。2013年，全镇森林覆盖率达67%，植被良好；无工业污染，空气质量优良；拥有"南国第一牧原"仙女山、喀斯特奇观天生三桥和龙水峡地缝等一批具有国际影响力的特色旅游资源。与此同时，该镇也是典型的喀斯特地区，生态环境脆弱，生态环境保护的任务艰巨。为带动区域经济发展，改变贫困落后面貌，该镇在20世纪90年代末利用其独特的旅游资源和优越的气候条件，全面实施旅游扶贫开发，至2016年全镇已建成国家AAAAA级旅游景区仙女山、天生三桥和龙水峡地缝等，旅游酒店和农家乐等接待设施300余家，开发商业性旅游度假地产217万平方米，成为重庆市的旅游名镇和旅游扶贫示范镇。游客由2004年的150万人次增至2016年的2300万人次，旅游综合收入由1.51亿元增至120亿元；全镇地区生产总值由0.5亿元增至13.8亿元，财政收入由20万元增至2300万元；城镇居民人均年收入较2004年增长3.8倍，农民人均年收入增长3.4倍[②]，旅游扶贫对于促进镇域经济发展和人民群众脱贫致富的作用比较明显。

仙女山镇建镇之初，建成区面积不足0.3平方千米，常住人口200余人，交通落后、地势偏远、土地贫瘠，贫困发生率高达45%，是全区最穷困的高海拔乡镇。20世纪90年代末其开始走上旅游扶贫开发之路并利用自身的独特旅游资源，前期通过引进外来资金开发建设旅游景区，兴建旅游服务设施，开展旅游活动，后期由武隆县政府筹资回购已经开发并正常运营的旅游景区，逐渐探索形成了景区依托、生态搬迁、劳务服务、农副产品供应等旅游扶贫模式。至2016年，全镇直接或间接从事旅游服务的人员7000余人，涉旅农户达1740余户，户均增

---

① 资料来源:《武隆县2013年国民经济和社会发展统计公报》。
② 数据由武隆县仙女山镇政府提供。

收6000元。

仙女山镇在旅游扶贫开发过程中，依托自身的区域环境条件和资源优势，逐步探索实践形成以下几种具有代表性的旅游扶贫模式。

1. 景区依托模式

武隆县仙女山镇拥有南国草原仙女山，世界自然遗产天生三桥、龙水峡地缝等优质旅游资源，引得无数旅游开发商、投资商的倾慕。因此，仙女山镇一开始就走上了招商引资开发建设大型旅游景区的旅游扶贫开发之路，在仙女山旅游区等景区相对成熟后，武隆县政府筹资回购仙女山等旅游景区的所有权、经营权，交由武隆喀斯特旅游投资集团运营管理，该集团拥有天生三桥、仙女山等世界自然遗产、国家AAAAA级旅游景区的开发经营权，拥有长松酒店、万祥酒店2家四星酒店，建成印象武隆大型山水实景演出剧场、仙女山镇接待中心等项目。景区周围的农户在通往仙女山镇和各大旅游景区的公路沿线，以及景区的周边区域兴办了农家乐、家庭旅馆、土特产品店、特色餐厅等配套服务设施，从而走上了脱贫致富之路。

2. 生态搬迁模式

仙女山镇针对一些交通十分不便、生产生活环境差的散居贫困户，采取生态搬迁旅游扶贫模式，即由政府专项资金资助将散居贫困户集中搬迁到旅游景区周边、仙女山场镇或发展乡村旅游条件比较充分的安置点，指导帮助贫困户兴办农家乐、家庭旅馆等旅游接待设施，通过经营旅游服务而逐渐脱贫致富。仙女山镇先后投入4000多万元改造农村公路230多千米；投入1.4亿元新建居民点11个，投入650余万元建成了青树子等5个高山生态扶贫搬迁安置点，搬迁安置620多户。2016年仙女山镇剩下的最后一个贫困村桃园村，有建档立卡贫困户28户90人。为帮助该村脱贫，通过新修公路解决交通问题，并扶持发展农家乐，建成农家乐41家，接待床位652张，全年接待游客3.5万人次，实现旅游收入520万元，户均净年收入5万元。黄家大湾生态扶贫搬迁点位于仙女山镇石梁子居委黄家湾社，共搬迁安置了仙女山镇面临行路难、饮水难、上学难、看病难、增收难、通信难的贫困农户106户336人。在黄家大湾生态扶贫搬迁户中，有48户从事餐饮业，42户从事房屋出租，16户从事其他行业，2014年搬迁点农民人均纯收入3万元。

3. 劳务服务模式

仙女山镇的旅游扶贫开发带动旅游及相关产业的发展，也给当地老百姓创造了众多的就业机会。至2016年，仙女山镇旅游发展已帮助2万余名农民实现了在旅游行业的直接或间接就业；在"印象武隆"近300余名演职人员中，近200人是当地农民，人均年收入达4万元。仙女山镇大坪村村民刘某因家庭贫困辍学务农，2011年"印象武隆"招聘演员，刘某幸运入围成为一名舞蹈演员，演出给刘某带来了一份稳定的收入，改变了一家人的生活状况，贫困一去不复返。

4. 农副产品供应模式

通过旅游扶贫开发，到2013年，仙女山镇建城区面积已达9.6平方千米，常住人口1.5万人，夏季度假游客每天均在10万人次以上。为了满足旅游者特别是度假游客的购物与日常生活之需，当地政府全力打造高山蔬菜、草食牲畜、特色林果、有机茶叶等特色效益农业，发展具有地域特色的农副产品；当地的老咸菜、高山蔬菜、水果、老腊肉、土鸡，甚至洋芋疙瘩等"土货"都成了游客眼中的宝贝，一手交钱、一手交货，鼓起了贫困农户的腰包。住在仙女山镇石梁子社区巴渝新居年近60岁的贫困农民王某靠在家门口摆个土货摊，每年的旅游旺季就能挣上3万多元。

（三）仙女山镇的生态保护

仙女山镇作为武隆县"生态立县、旅游强县"的关键区域，十多年来在整治环境、美化环境、保护生态环境方面主要采取了以下几个方面的举措并取得了良好成效。

1. 植树造林

武隆县属于喀斯特地貌的山区，全县有40万亩坡耕地需要退耕还林（草），有30万亩荒山需要绿化。在此背景下，仙女山镇充分利用国家的退耕还林还草政策，对产量低的坡耕地实施退耕还林、对荒山荒坡实施生态复绿。据统计，2004~2016年，仙女山镇先后植树造林65 700亩，森林覆盖率由65%提升到67.4%。为实现武隆县"创建森林城市，致富生态农村"的目标，仙女山镇在退耕还林过程中一手抓生态林建设，一手抓经济林建设，先后种植厚朴（药用植物林）2万亩，年产值高达1.5亿元；引导当地群众在闲置荒坡和林地边坡等种植金银花上万亩，农民每年人均增收千元左右，实现了生态经济双重效益。

2. 环境美化

仙女山镇作为武隆县的旅游重镇，为实现"全市全国最美镇"的创建目标，武隆县决定将武隆县城至仙女山景区33平方千米的区域建设成为开放型森林城市，并在武仙路（武隆县—仙女山镇）沿途栽植樱花、玉兰、三角梅、蔷薇、红叶石兰、杜鹃等观花、观叶树种22类20万株，形成乔灌花草立体搭配、绿色彩色互补、四季鲜花、绿树成荫的精品生态景观长廊。仙女山镇沿44千米长的旅游环线种植了30多个品种，200多万株乔灌木本花卉；在旅游干道沿线打造了1000个鲜花庭院，将场镇10千米左右长的主要街道建成了银杏路、香叶路、香樟路等鲜花大道，并在场镇上打造了 10 个鲜花小区，15 个绿色小区和 6 个鲜花广场，让游客举目见绿，置身花海之中。

3. 污染治理

仙女山镇为了有效控制旅游扶贫开发快速推进，场镇人口不断聚集，旅游观光度假者成倍增长带来的生活污染等问题，在仙女山场镇先后建成了日处理污水量 6000 吨的谭家沟污水处理厂、日处理污水量 2000 吨的大坪污水处理厂和日处理垃圾 100 吨的垃圾压缩转运站，有效地解决了仙女山场镇的生活污水、生活垃圾污染问题。在乡村地区，仙女山镇利用农村环境连片整治政策，先后在乡村居民点、农家乐片区等兴建污水处理站，兴建散户小型污水处理设施，改造乡村民居化粪池，配置生活垃圾投放设施及畜禽养殖污染处理设施，使全镇的生活污水、生活垃圾处理率分别由 2007 年的 0 提升到 2016 年的 98% 和 95%，较好地避免了旅游生活污染对生态环境的负面影响。

二、石柱县黄水镇的旅游扶贫与生态保护

（一）石柱县情

石柱县位于连片特困地区——武陵山区和重庆市渝东南地区的西北部，坐落于重庆市东部的长江南岸，地处三峡库区腹心地带；东邻湖北利川，南靠彭水，西南连丰都，西北接忠县，北近万州区，地区面积 3021.62 平方千米，2016 年全县总人口 54.8 万人。

石柱县是重庆三峡库区唯一的少数民族自治县，域内有土家族、汉族、苗族、维吾尔族、独龙族、侗族等 29 个民族。

石柱县物产丰富，是全国著名的黄连之乡（产量占全国的 60%）和辣椒基地，是世界古生水杉仅存地之一，其国家挂牌保护的水杉母树有 28 株。可利用草地 5 万公顷，面积 3000 公顷以上的草场 4 处，其中千野草场最负盛名。

石柱县拥有中国历史名镇西沱镇云梯街，佛教圣地千年古刹银杏堂，避暑胜地黄水国家级森林公园，回龙山明末巾帼英雄秦良玉陵园，秦良玉屯兵抗清遗址万寿寨，秦良玉大都督府遗址，太白岩石壁的置南宾县碑刻，高原明珠黄水月亮湖，中国一号水杉母树，绿草如茵的千野草场，山水交融的藤子沟水库等旅游资源点，现已开发建成国家 AAAA 级旅游景区大风堡、国家 AAA 级旅游景区黄水药用植物园和国家 AAA 级旅游景区毕兹卡绿宫等。

七曜山、方斗山贯穿石柱县全境，地形十分复杂，是典型的喀斯特地区。土地资源有限、人地矛盾突出、产业基础差、工业经济落后。因此，单纯依靠农业

和工业来发展地方经济难度较大。石柱县作为连片特困地区之一，贫困范围广、程度深。2013年全县共有贫困村100个、农村贫困人口4.8万人，贫困发生率12.41%，脱贫攻坚任务艰巨，也是重庆市脱贫攻坚的主要战场。2019年4月，石柱县退出"国家扶贫开发工作重点县"。

（二）黄水镇的旅游扶贫

黄水镇位于石柱县东北部，属少数民族聚居区，地区面积157.8平方千米，2015年全镇总人口1.28万人；平均海拔1551.4米，年均气温10.4℃，最高气温平均20.1℃，高原气候明显。尽管该镇森林覆盖率高达82%，生态环境优越，旅游资源丰富，但在2004年全镇地区生产总值只有7200万元，财政收入只有60多万元，是典型的少数民族贫困区。为改变贫困落后面貌，该镇以发展"生态休闲，纳凉度假"旅游为目标，全面实施旅游扶贫，带动区域经济发展和百姓致富，先后建成大风堡（国家AAAA级旅游景区）、毕兹卡绿宫（国家AAA级旅游景区）、油草河（国家AAA级旅游景区）等旅游区，2016年全镇的住宿设施床位14500多张，餐位40000余个，开发商业性旅游度假地产121万平方米，成为重庆市及周边地区著名的旅游度假胜地。游客由2004年的5万人次增至2016年的340万人次，旅游收入由0.25亿元增至17亿元；旅游产业对镇域经济的贡献率超过70%，数以千计的当地居民因从事旅游经营活动而致富，旅游扶贫效果明显。

从1998年建立黄水国家森林公园起，黄水镇开始逐步探索旅游扶贫之路。综观石柱县黄水镇的旅游扶贫，主要形成了农家乐（家庭旅馆）、易地迁建、旅游经营户带动帮扶、政府帮扶、劳务服务、农副产品供应等旅游扶贫模式。

1. 农家乐（家庭旅馆）模式

由于黄水镇平均海拔高、森林面积广阔，空气清新、夏季气候凉爽，近年来夏季到黄水镇纳凉度夏的城市居民逐渐增多。为了满足市场需求，在黄水镇域内的S404、S302公路沿线，以及黄水镇的场镇兴起了大批农家乐或家庭旅馆。至2016年，全镇已建成经营的农家乐或家庭旅馆超过230家，其中近100家由太阳湖库区移民贫困户开办。当地的贫困户在政府的扶助下，通过开办农家乐或家庭旅馆实现了脱贫致富的目标。

2. 易地迁建模式

由于黄水镇兴建水利工程或重点旅游扶贫项目开发的需要，部分居民被迫离开原来的居住地。其中，万胜坝中型水库建设工程（今太阳湖）致使万胜坝村305户1050人被迫搬迁；同时为了实施15个扶贫旅游开发重点项目建设，先后有56户182人也需要搬迁。为此，黄水镇政府专门在场镇上兴建了移民安置小区。为了让这一特殊群体找到增收致富的门路，以免出现"住楼房愁生计"的现象，黄水镇根据旅游发展需要，积极引导他们盘活住房的闲置资源，扶持他们开办家庭旅馆或农家乐，并通过专业合作社把他们组织起来，从而实现安稳致富。

3. 旅游经营户带动帮扶模式

为了促使旅游经营户在关注自身发展的同时，也要尽必要的社会责任与义务，石柱县政府对非贫困户发展乡村旅游并带动贫困户的经营者，实行每带动一个贫困户向经营主体补助2万元扶贫专项资金，每年按补助资金的6%实行固定分红，同时按补助资金产生收益的40%向贫困户实行效益分红的措施；若经营主体因财务制度不健全等原因导致年终效益无法核实的，经营主体按不低于补助资金的4%进行效益分红。旅游经营户还要通过为贫困户提供劳务用工机会、签订农产品买卖协议等方式增加贫困户收入，据统计，由旅游经营户带动帮扶的百余户贫困户均年增收3000元以上，逐步实现脱贫解困目标。

4. 政府帮扶模式

石柱县政府为鼓励贫困户直接参与乡村旅游，给予所有直接经营乡村旅游，具备相应接待条件且加入"黄水人家"的贫困户每户3万元的补助资金。对利用当地资源发展旅游食品、旅游手工艺品制作的贫困户，提供设备采购金额的15%，最高不超过5万元的补助资金。参加旅游服务技能培训的贫困户，据实补助食宿交通费用。对开展宣传营销活动的经营农家乐的贫困户按一定标准给予最高不超过1万元资助。2014年新发展的验收达标的89户乡村旅游接待户中，贫困户占27%，根据相关政策，又给贫困户补助每户不超过3万元的财政扶贫资金专项补贴；县扶贫办还为每个接待户统一制作安装了乡村旅游扶贫宣传标牌，颁发了"乡村旅游扶贫接待点"牌子。贫困户因直接经营乡村旅游户均至少增收2万元，加快了贫困户脱贫致富的步伐。

5. 劳务服务模式

旅游扶贫开发的加速推进，使特色餐厅、农家乐、家庭旅馆、旅游酒店、茶楼超市、旅游景区迅速发展起来，为当地居民创造了众多的就业机会。石柱县人民政府为了鼓励旅游经营户为贫困户提供就业机会，帮助贫困户脱贫解困，规定凡是发展乡村旅游的非贫困户，如果为2户以上（含2户）贫困户提供劳务用工机会，就可获得政府2万元/户的财政专项资金补贴，为贫困户在当地旅游行业就业增收创造了有利条件。

6. 农副产品供应模式

由于旅游度假市场规模不断扩大，高峰期度假者超过10万人，这些外来度假客人需要大量的蔬菜水果、禽蛋肉食等农副产品,这为当地农户提供了良好的农副产品的销售市场。石柱县人民政府也大力支持本地特色效益农业的发展,在黄水镇建起了莼菜种植基地、畜禽养殖基地,有200多户贫困户搞起了家庭养殖和特色种植。与此同时,政府还鼓励从事旅游经营活动的非贫困户与贫困户签订农副产品收购协议,凡签约2户及以上贫困户的旅游经营户将获得政府2万元的财政专项补助资金,进一步为贫困户通过向旅游者或旅游经营户供应农副产品以脱贫致富创造利好条件。

(三)黄水镇的生态保护

黄水镇在旅游扶贫快速推进开发的同时,重点从植树造林和污染治理两个方面加强生态环境保护,并取得了良好成效。

1. 植树造林

黄水镇利用退耕还林还草政策支持,将不宜耕种、水土流失严重的坡耕地退耕还林,在荒山荒坡植树造林。2004~2016年黄水镇累计植树造林34 500亩,镇域森林覆盖率提高了至少2个百分点,森林资源抚育与保护成效明显。

2. 污染治理

黄水镇紧紧围绕"山清水秀、整洁有序、环境宜居、文明和谐"的美丽乡村建设目标,实施生活垃圾"户集、村收、乡镇转运、县处理"的收运处理模式,达到了有齐全设施设备、成熟治理技术、稳定保洁队伍、长效资金保障、监管制度完善的"五有"标准,兴建生活垃圾转动站,配置生活垃圾收运设施470余台(个),2016年全镇生活垃圾收运处理率达到了97%。2008年黄水场镇东、西两个污水处理厂建成投入使用,日污水处理量达到800吨,随着度假旅游者的大量增加,生活污水急剧增加,污水处理压力剧增,2014年该镇扩建了两个污水处理厂,使其日处理能力提升至8000吨,有效解决了场镇生活污水的处理问题。与此同时,黄水镇利用农村环境连片整治政策,在农村居民聚集点和乡村旅游接待设施集中区兴建生态型污水处理站,较好地控制了农村生活污水对环境的污染,2016年全镇的生活污水处理率达到了99%。

三、奉节县兴隆镇的旅游扶贫与生态保护

(一)奉节县情

奉节县位于秦巴山区南部,是重庆市渝东北地区的一部分,地处长江三峡库

区腹心；东邻巫山、西连云阳，北靠巫溪，南接湖北恩施州，地区面积 4087 平方千米，2016 年全县总人口 106.63 万人。奉节县属四川盆地东部山地，41.5 千米长江干流横贯中部，域内山峦起伏，沟壑纵横，海拔 86~2123 米，千米以上中山区占总面积的 80%，受海拔变化的影响，立体气候明显，海拔千米以上地区夏季清新凉爽，舒适宜人；生物资源繁多，森林覆盖率达 51.6%；物产丰富，奉节脐橙久负盛名。

奉节县地处长江三峡旅游"金三角"，自然景观绝妙神奇，人文景观交相辉映，拥有长江三峡中最短、最狭、最雄奇的瞿塘峡，长江三峡的标志性景观、气势磅礴的夔门，世界奇观小寨天坑、天井峡地缝，历史悠久的白帝城，武侯诸葛八阵图遗址，诗圣杜甫西阁等旅游景观资源。奉节作为驰名中外的游览胜地、长江三峡旅游线上的明珠，被誉为"诗城""橙都"，旅游业迅速发展，2016 年全县接待中外游客 1249 万人次，旅游综合收入 44.45 亿元。

奉节县作为集中连片特困地区秦巴山区的组成部分，三峡库区的移民大县，其贫困发生率高，贫困人口众多，重庆全市启动脱贫攻坚战之初，全县 387 个村及居委会，贫困村多达 135 个，农村贫困人口近 20 万人，是秦巴山区和重庆市的脱贫攻坚重点区县之一。2019 年 4 月，奉节县退出"国家扶贫开发工作重点县"。

（二）兴隆镇的旅游扶贫

兴隆镇位于奉节县南部，地处七曜山山脉和巫山山脉连接带上，地区面积 347.23 平方千米，场镇建成 2 平方千米；海拔 211~2046 米，属中亚热带暖湿东南季风气候区，年均气温 7.8~16.1℃，夏季气温 25~30℃，凉爽宜人，生态环境优美，植被覆盖率 90%。全镇辖 21 个村，2 个居委会，2016 年全镇总人口 5.46 万人，城镇居民 2.3 万人。

域内拥有千回百转的九盘河、险峻雄奇的迷宫河、别有洞天的龙桥河、山清水秀的桃源河、如诗如画的茅草坝、气势雄浑的早夔门、缥缈莫测的金凤云海等 80 多个自然景点及竹枝舞、摆手舞等文化遗产。尽管兴隆镇拥有众多富有特色的旅游资源，但由于交通不便、经济不发达，2000 年前后才着手开发建设小寨天坑旅游区，初期到兴隆镇的旅游者主要是到天坑旅游区游览，旅游收益绝大部分为开发公司所有，对镇域经济的带动作用并不太明显。加之交通不便、耕地稀少、产业结构单一、农村经济落后，贫困问题依然突出。在脱贫攻坚战启动之初，全镇仍有六垭、方洞、梅花、龙门、高坪和小寨 6 个贫困村，建档立卡贫困户 1782 户 6245 人。

2011 年以来，为改变乡村贫困面貌，帮助贫困人口脱贫致富，兴隆镇政府决定依托国家级风景名胜区、国家 AAAA 级旅游区天坑地缝，充分利用优质旅游资源、凉爽的气候条件、丰富的土特产品，大力推进乡村旅游扶贫工程，加速发展休闲农业观光园、改造兴隆场镇老街，建成自驾游环线和10个汽车营地，改造民居、办民宿。2015年全镇接待游客50万人次，综合收入7500万元。人均从乡村旅游扶贫中获得收入1250元，近1/3的贫困户通过参与乡村旅游走上脱贫致富之路，旅游扶贫效应日渐显现。

1. 农家乐（乡村民宿）模式

兴隆镇利用良好的生态环境，夏季凉爽宜人的气候特点，紧紧围绕"三峡之巅、爽爽兴隆"的形象定位，以休闲农业为基础，全面改造乡村传统民居，打造农家乐和特色民宿，发展乡村民宿度假旅游。市级贫困村——杉木村发展了农家乐92家。回龙村依托旱夔门、神仙洞、迷宫河等众多景点资源，发展"庭院式农家乐"，贫困户唐某夫妇在多方扶持下开办了回龙农家乐，2016年创收10余万元，顺利脱贫摘帽。六垭村全力打造特色民宿"六垭人家"，成为旅游环线的响亮品牌，扶贫效果显著，2015年整村脱贫销号。龙门村依托桃源河，在市级部门的支持下投入近千万元打造高山生态避暑纳凉精品民宿项目"龙门客栈"，大力推进农旅融合发展，为全村117户贫困户"量身定制"脱贫致富项目，带动贫困群众脱贫，300余户非贫困户增收。

2. 集中迁建模式

三桥村是山东省滨州市对口帮扶的移民新村，2013~2015年，山东省滨州市投入2200余万元，兴建1.8万多平方米的移民新村，搬迁贫困户67户181人。该村利用位于天坑地缝旅游区腹地的优势，支持贫困户开办农家乐，发展乡村旅游，实现了贫困户移民安置"搬得出、住得稳、能致富"的目标。

（三）兴隆镇的生态保护

兴隆镇在推进旅游扶贫过程中重视生态环境保护工作，主要举措如下。

1. 植树造林，强化森林资源保护

利用退耕还林政策、义务植树活动等发动干部群众植树造林。据统计，到2016年全镇退耕还林共计2.6万亩，涉及农户6300多户；营建公益林27.5万亩，涉及农户12 200多户。加强珍稀林木保护，2015年对全镇200余棵珙桐、银杏等名木古树实施挂牌保护。

2. 整治污染，美化城乡环境

兴建城乡生活污染处理设施，防治生活污染。支持村民集中点、农家乐集中区联户合建、散户分建沼气池4千多口。2009年开始实施生活垃圾"村社收集、镇乡转动、县级处理"的治理模式，较好地避免了生活垃圾对城乡环境的污染。2016年启动建设兴隆镇旅游新城污水处理厂，着手治理场镇生活污水的污染问题。持续开展"清洁家园"活动，督促广大群众清洁庭院卫生，清除农村边坡暴露垃圾和陈年垃圾；全面清洗场镇主次干道，清理下水道井口，解决场镇街道污水漫流、垃圾乱放问题，使城乡环境进一步美化靓化。

四、巴马县甲篆镇的旅游扶贫与生态保护

（一）巴马县情

巴马县地处广西西北部、河池市西南部和连片特困地区——滇桂黔石漠化区的腹心地带，2016年全县地区面积1976平方千米，辖3镇7乡103个行政村，总人口29.18万人，少数民族26万人，占总人口的89.10%，其中瑶族5.3万人，占总人口的18.16%。

巴马县是革命老区——右江革命根据地的腹心，是邓小平、张云逸、韦拔群等无产阶级革命家生活和战斗过的地方，也是国家规划实施的"百色风雷，两江红旗"红色旅游线的重要组成部分。巴马各族人民为中国革命的胜利做出了重大牺牲和贡献，留下了红七军二十一师师部旧址和红军独立第三师、中共右江特委右江革命委员会旧址等区级重点文物保护单位。

巴马县属热带、中亚热带季风气候区，年均气温18.8~20.4℃；生态环境适宜，全县森林覆盖率达70%，负氧离子高达20 000个/米^3，素有"天然氧吧"的美誉，百岁寿星比例位居世界长寿乡之首，是中国目前唯一被国际、国内双认定为"世界长寿之乡"和"中国长寿之乡"的地方，享有"长寿圣地·养生天堂"的美誉，近年来，每年到巴马养生度假的"候鸟人"超过10万人。2015年巴马县被国家旅游局列入"中国国际养生旅游目的地"，巴马长寿养生国际旅游区已成为广西旅游发展"金三角"战略部署的支撑点。

巴马县拥有水晶宫、百魔洞、水波天窗、赐福湖、龙洪田园、盘阳河、那社命河、好龙天坑群等优质的自然旅游资源，已建成长寿水晶宫、盘阳河、百魔洞、百鸟岩等国家AAAA级旅游景区，仁寿源、长寿乡、西山红色旅游区等国家AAA级旅游景区，坡纳屯休闲养生基地—达西儒礼桃花源—仁寿文化源被评为全国休闲农业与乡村旅游十大精品线路。巴马也是全国首批"全域旅游示范区"创建区县，2016年全县共接待游客434万人次，旅游综合收入37亿元。

巴马县既是国定贫困县，也是国家旅游局的定点扶贫县和旅游扶贫示范县。近年来通过发展养生度假等特色产业，脱贫攻坚取得了明显成效。但到2014年全县仍有50个贫困村，13 833个贫困户60 076名贫困人口尚未脱贫，贫困仍是其

最大的县情。2020年5月,巴马县退出"国家扶贫开发工作重点县"。

(二)甲篆镇的旅游扶贫

甲篆镇原名甲篆乡,2015年7月撤乡建镇,地处巴马县西北部,东靠西山乡,西连那社乡,南接巴马镇,北邻凤山县袍里乡,距县城19千米,总面积152平方千米,辖11个村委会,175个自然屯,185个村民小组,人口3.08万人。2014年全镇还有兴仁、好合、仁乡等三个贫困村,建档立卡贫困户1049户4297人,分别占全镇总户数、总人口数的15.3%和13.9%。

甲篆镇是巴马县最著名的长寿之乡,2009年,百岁老人占全镇总人口的5.35‰,坡月村、百马村和松吉村都是百岁老人的聚居地;且拥有景色秀丽的盘阳河,"天下第一洞"百魔洞,"水上芦笛"、"洞中九寨"水波天窗·百鸟岩等精品旅游资源;交通便利,凤山至巴马二级公路、巴马至那社乡柏油公路穿境而过,村村通公路,并形成了甲篆、坡月两个集贸市场;先后承接了华昱百魔洞养生区、中脉巴马国际长寿养生都会、富硒农业示范区、广西现代特色农业示范区等多个区、市、县重大项目,建成了百魔洞和百鸟岩两个国家AAAA级旅游景区,盘阳河两岸休闲慢道,坡月、平安、甲篆、百马、民山等5个特色旅游村和富硒农业示范区,坡月村成为广西农业旅游示范点,坡纳屯荣获广西休闲农业"十佳名村""中国特色村""广西四星级乡村旅游区"等荣誉称号,达勒屯被评为"广西特色旅游名村"。甲篆镇的群众自建或联建农家旅馆、乡村度假村200余家,床位7000多个,目前已成为巴马国际养生度假旅游区的核心区,2016年接待游客200多万人次,10余万来巴马养生度假的"候鸟人"大多数居住在甲篆镇,80%的"候鸟人"逗留时间在1~3个月,旅游综合收入超20亿元。

早在20世纪90年代中期就有零星的中外人士慕名前来甲篆镇参观考察,但早期旅游扶贫开发基本上处于无序的自发状态,产业发展比较缓慢。2005年巴马县决定实施百鸟岩、百魔洞等第一期国债建设项目,发展农家旅馆以提升接待能力,极大地刺激了甲篆群众的旅游扶贫开发热情。游客接待量从2005年的不足5万人次迅速增加到2010年的46.8万人次(其中居住1个月以上的"候鸟人"不下5万人次),为满足其食宿需要,当地村民通过自建或与外来投资商联建的方式,在盘阳河两岸和旅游景区周围兴建一大批农家旅馆和度假村,其中也不乏"两违"建筑。为了整治景区环境,让旅游扶贫开发走上科学规范、有序发展之路,2010年以来巴马县和甲篆镇政府着手整治"两违"建筑,查处盘阳河流域数十栋"两违"建筑,查封坡月村13栋高层违章建筑,强制拆除数十户违章建筑。同时加快建设生活垃圾中转站、重点村屯生活污染处理设施,旅游环境得到有效改善,并将旅游扶贫开发重点村全部纳入《巴马长寿养生国际旅游区发展规划纲要》和《广西巴马盘阳河重点区域控制性规划》,旅游扶贫开发效果明显。据统计,2010~2015年全镇共有1122户3780人因旅游扶贫开发而成功摘掉"贫困帽",走上了致富路。

综观甲篆镇的旅游扶贫历程,主要形成了以下几种具有地域特色的旅游扶贫模式。

1. 景区依托模式

甲篆镇坡月村的旅游扶贫就是典型的景区依托模式。2005年,坡月村共8个自然屯,16个村民小组,601户2646人,拥有百魔洞、盘阳河风光、寿乡文化特色旅游资源。随着百魔洞等旅游景区的开发建成,众多的休闲观光游客和疗养度假的"候鸟人"纷至沓来,极大地刺激了农家旅馆、乡村度假村等接待设施的发展。2010年接待游客1.55万人次,长期居住休闲养生的"候鸟人"达1800人次。2015年该村建成120家农家旅馆,年接待旅游者近80万人次,长住"候鸟人"超过1.2万人次,村民的人均收入至少比2005年增长了10倍。

2. 农民新村建设模式

甲篆镇为了推动贫困村屯脱贫致富,充分整合利用各类政策性资金,努力推动外来投资和当地村民多方参与,通过改造破旧村屯,建设农民新村,支持村民开办农家旅馆等接待设施,形成特色旅游村屯,从而带动当地贫困村民脱贫致富。甲篆镇坡纳屯、坡莫屯、达勒屯就是这种旅游扶贫模式的典型例证。2005年,坡纳屯有66户226人,旅游开发尚未起步,游客接待量为零。但在旅游扶贫工程实施后,当地村民在政府的支持和外来投资企业的帮扶下,建设基础设施、整治村屯面貌、打造特色旅游新村,先后建成农家旅馆64家、农家菜馆10家、农副特产店5家,2016年接待游客50多万人次,村民人均纯收入高达2.2万元。

3. 政企帮扶模式

政府部门和外来投资企业共同帮扶贫困村,发展特色产业,带动贫困人口脱贫致富。2016年,国家旅游局在甲篆镇平安村(贫困村)投入350万元,扶持建设休闲农业旅游项目,组建休闲旅游开发合作社。同年,广西壮族自治区旅游发展委员会在仁乡村(贫困村)投入179万元扶持建设五彩田园旅游扶贫项目,成立五彩田园旅游开发合作社,辐射带动88户贫困户,占全村贫困户数的85%。巴马富硒有机农业基地的投资商突出休闲观光农业、富硒优质稻米、有机蔬菜、生态养殖等主导特色产业,建成盘阳河滨水景观带、坡纳和坡莫旅游新村示范屯、有机蔬菜生产基地、富硒稻米生产基地、生态牧业基地、农产品加工物流基地、休闲观光体验基地的"一带两屯五基地"。采用"公司+农户"模式带动村民融入特色产业,使其从中受益,实现脱贫致富。

（三）甲篆镇的生态保护

甲篆镇生态环境基础较好，但随着旅游扶贫开发的快速推进，前来观光休闲、养生度假的旅游者在2006~2016年增长20余倍，旅游生活污染压力不断加大。为了保住一方净土，为国际养生旅游度假区营造优美的环境条件，近年来甲篆镇主要从以下两个方面加强了生态环境保护。

1. 退耕还林，保护森林资源

2006年以来，甲篆镇利用退耕还林还草政策，在退耕地上造林1万余亩，在荒山荒坡造林1.6万亩，列入森林生态效益补偿公益林12万余亩，森林覆盖率提高了至少10个百分点，森林生态环境得到进一步改善，为国际养生度假旅游区的建设奠定了优良的生态环境条件。

2. 配建设施，控制生活污染

甲篆镇先后建成了处理污水能力4000吨/日的甲篆场镇和坡月村两个污水处理厂，坡纳、坡莫等旅游村屯污水处理站，在巴马县率先实现重点村屯污水处理全覆盖。坚持实施"美丽甲篆·生态乡村"行动，以清洁乡村为抓手，清理"脏、乱、差"，建设"洁、净、美"乡村环境，全面整治农村环境，解决乡村地区"柴草乱放、粪土乱堆、垃圾乱倒、污水乱泼、家禽乱跑"的问题。购买4辆自卸式环卫垃圾车和385个环卫专用垃圾桶，安放在公路沿线、景区道路边及人员较集中区域，实现盘阳河流域村屯市政保洁系统全覆盖，建成甲篆场镇转运能力19吨/日的垃圾中转站。2014年实现"村集镇运县处理"生活垃圾处理目标，较好地控制住了旅游者云集区域的生活污染问题。

第八章　连片特困地区旅游扶贫与生态保护耦合态势评估

本章运用连片特困地区旅游扶贫与生态保护系统演化的多因素综合评价模型、耦合态势评估模型，以实证研究区域的原始统计数据为支撑，定量测度武隆仙女山镇、石柱黄水镇、奉节兴隆镇及巴马甲篆镇等4个实证研究区域旅游扶贫与生态保护两大系统的耦合发展态势、显著特征，进而揭示旅游扶贫与生态保护耦合发展的关键影响因子。

第一节　数据来源及其处理方法

一、原始数据来源

实证研究所需的原始数据主要来源于以下三个途径：①武隆仙女山镇、石柱黄水镇、奉节兴隆镇及巴马甲篆镇政府提供的相关统计数据；②武隆县国民经济和社会发展统计公报（2004~2016年）、石柱土家族自治县国民经济和社会发展统计公报（2004~2016年）、奉节县国民经济和社会发展统计公报（2006~2016年）、巴马瑶族自治县国民经济和社会发展统计公报（2006~2016年）；③《武隆年鉴》（2005~2017年）、《石柱年鉴》（2005~2017年）、《奉节年鉴》（2007~2017年）及《巴马年鉴》（2007~2017年）（表8-1~表8-4）。

第八章 连片特困地区旅游扶贫与生态保护耦合态势评估

表8-1　2004—2016年武隆县仙女山镇/石柱县黄水镇旅游扶贫系统的统计数据

项目		旅游扶贫压力	旅游扶贫投入				旅游扶贫效率								旅游脱贫
		贫困人口/人	旅游景区(点)/个	住宿设施床位/张	餐厅餐位/个	固定资产投入额/亿元	旅游度假地产开发量/万米²	旅游者人数/万人次	旅游综合收入/亿元	社会销售额/亿元	农民人均年收入/元	城镇居民人均年收入/元	地区财政收入/万元	地区生产总值/亿元	旅游脱贫人口/人
指标代码		x_1	x_2	x_3	x_4	x_5	x_6	x_7	x_8	x_9	x_{10}	x_{11}	x_{12}	x_{13}	x_{14}
指标性质		逆	正	正	正	正	正	正	正	正	正	正	正	正	正
仙女山镇	2004年	982	3	3 800	2 500	0.10	0	150	1.51	0.38	2 985	4 850	20	0.5	2
	2005年	967	3	4 000	3 000	0.18	0	320	4.80	0.50	3 567	5 986	30	0.6	15
	2006年	935	3	5 000	3 200	0.25	0	510	10.20	0.62	3 962	6 875	50	1.7	32
	2007年	898	3	6 600	3 500	0.30	5.0	850	21.25	0.78	4 168	7 852	70	2.5	37
	2008年	887	3	6 800	3 600	0.35	5.0	980	29.40	0.90	4 029	8 520	80	2.9	11
	2009年	852	3	7 000	3 800	0.46	16.6	1 050	36.75	1.00	4 753	9 856	100	3.4	35
	2010年	836	3	7 500	3 800	0.75	32.1	1 150	46.00	1.25	5 653	10 278	200	5.5	16
	2011年	815	4	7 800	4 000	26.13	50.9	1 280	57.60	1.27	7 407	12 354	500	6.6	21
	2012年	803	4	8 000	4 200	18.33	74.6	1 500	75.00	1.50	8 337	15 564	800	8.6	12
	2013年	801	4	8 500	5 000	22.78	104.6	1 908	104.94	1.80	9 768	18 562	1 600	10.6	2
	2014年	1 032	4	9 000	6 000	19.00	139.6	2 000	110.00	1.90	10 952	21 250	2 200	12.2	3
	2015年	636	4	9 400	6 500	20.70	177.6	2 200	115.00	2.60	12 463	22 486	2 400	13.2	217
	2016年	385	4	10 000	7 000	21.50	217.6	2 300	120.00	3.00	13 012	23 503	2 300	13.8	184
黄水镇	2004年	915	1	500	270	0.63	1.2	5	0.25	0.10	1 207	4 674	68	0.7	37
	2005年	920	1	810	350	0.70	1.5	10	0.50	0.11	1 982	5 609	70	0.8	28
	2006年	913	1	1 000	450	1.32	1.7	20	1.00	0.13	2 415	6 731	71	1.2	40
	2007年	746	1	1 500	587	1.21	2.0	30	1.50	0.46	3 018	7 808	73	2.9	56
	2008年	850	2	2 800	798	1.50	2.3	50	2.50	0.52	3 926	8 746	90	3.5	72
	2009年	740	2	4 210	980	3.52	4.5	80	4.00	0.65	4 235	10 495	98	3.5	93
	2010年	789	3	6 315	1 270	6.80	20.3	150	7.50	1.20	4 817	12 831	176	4.9	106
	2011年	790	3	7 120	5 170	11.30	45.0	200	10.00	2.05	5 248	14 978	361	6.2	142
	2012年	1 034	3	8 483	2 935	15.47	60.0	240	12.00	2.65	7 280	18 344	750	7.6	189
	2013年	868	3	10 521	3 497	19.76	95.0	270	13.50	3.71	8 804	22 135	890	9.2	162
	2014年	950	5	10 781	39 330	24.80	107.0	310	15.50	4.90	10 917	31 868	1 000	10.9	181
	2015年	740	6	10 898	40 550	29.06	118.6	330	16.50	6.59	12 220	28 081	1 500	12.7	182
	2016年	543	6	14 517	41 220	35.60	121.0	340	17.00	9.54	13 636	30 820	1 700	14.7	195

表8-2 2004~2016年武隆县仙女山镇/石柱县黄水镇生态保护系统的统计数据

项目	指标代码	指标性质	生态环境压力				生态保护投入			生态保护效率					
			生活污水排放量/万吨 y_1	生活垃圾清运量/吨 y_2	生活废气排放量/万标方 y_3	直接环保投投入/万元 y_4	造林面积/公顷 y_5	生活污水日处理量/吨 y_6	生活垃圾收运设施/个 y_7	森林覆盖率 y_8	人均公共绿地面积/米² y_9	生活饮用水达标率 y_{10}	生活污水处理率 y_{11}	空气质量优良天数率 y_{12}	生活垃圾处理率 y_{13}
			逆	逆	逆	正	正	正	正	正	正	正	正	正	正
仙女山镇	2004年		0.16	3 000	1 000	0	460	0	0	65.0%	300	80%	0	98%	0
	2005年		0.40	3 000	1 000	0	460	0	0	65.4%	300	80%	0	98%	0
	2006年		0.80	3 500	950	0	430	0	0	65.7%	300	80%	0	98%	0
	2007年		1.60	4 000	900	7	420	0	0	65.9%	200	85%	0	95%	0
	2008年		4.00	4 500	700	10	400	6 000	2	66.2%	150	85%	95%	95%	90%
	2009年		16.00	6 000	700	10	400	8 000	9	66.4%	150	90%	95%	95%	95%
	2010年		40.00	6 500	712	12	360	8 000	17	66.6%	150	90%	95%	90%	95%
	2011年		80.00	8 000	779	15	300	8 000	29	66.7%	100	90%	95%	90%	95%
	2012年		120.00	8 500	773	15	250	8 000	54	66.9%	100	98%	98%	90%	95%
	2013年		144.00	10 000	1 061	20	200	8 000	84	67.0%	100	98%	98%	90%	95%
	2014年		150.00	11 000	1 184	100	200	8 000	119	67.1%	100	98%	98%	90%	95%
	2015年		160.00	12 000	1 275	30	300	8 000	159	67.2%	100	98%	98%	90%	95%
	2016年		165.00	12 500	1 350	30	200	8 000	199	67.4%	100	98%	98%	90%	95%
黄水镇	2004年		2.82	1 200	294	0	200	0	1	82.0%	14.5	100%	0	100%	0
	2005年		2.98	1 300	326	0	250	0	1	82.0%	14.6	100%	0	100%	0
	2006年		3.04	1 400	368	0	300	0	1	82.6%	14.7	100%	0	100%	60%
	2007年		3.36	1 500	483	35.1	200	0	1	82.9%	15.0	100%	0	100%	80%
	2008年		3.46	2 000	525	53.2	220	800	109	83.1%	15.6	100%	80%	100%	83%
	2009年		6.10	2 800	840	200.0	210	800	125	83.2%	15.8	100%	85%	98%	85%
	2010年		6.18	3 000	1 050	211.9	150	800	290	83.4%	16.3	100%	85%	96%	85%
	2011年		6.96	4 500	1 260	132.7	130	800	323	83.5%	16.5	100%	85%	96%	85%
	2012年		6.99	5 200	1 575	171.0	120	800	367	83.6%	17.0	100%	85%	93%	88%
	2013年		28.18	6 200	1 890	265.0	120	800	428	83.8%	17.8	100%	90%	90%	91%
	2014年		30.11	6 400	1 900	300.0	130	800	456	83.9%	17.9	100%	92%	94%	93%
	2015年		32.23	6 800	1 950	356.0	120	8 000	478	84.0%	17.9	100%	99%	94%	94%
	2016年		35.68	7 200	1 968	378.0	150	8 000	478	84.2%	17.9	100%	99%	97%	97%

第八章 连片特困地区旅游扶贫与生态保护耦合态势评估

表8-3 2006—2016年奉节县兴隆镇/巴马县甲篆镇旅游扶贫系统的统计数据

项目		旅游扶贫压力	旅游扶贫投入				旅游扶贫效率						
		旅游扶贫困人口/人	旅游景区(点)/个	住宿设施床位/张	餐厅餐位/个	固定资产投入额/亿元	旅游者人数/万人次	旅游综合收入/亿元	社会零售销额/亿元	农民人均年收入/元	城镇居民人均年收入/元	地区财政收入/万元	地区生产总值/亿元	旅游脱贫人口/人
指标代码		x_1	x_2	x_3	x_4	x_5	x_6	x_7	x_8	x_9	x_{10}	x_{11}	x_{12}	x_{13}
指标性质		逆	正	正	正	正	正	正	正	正	正	正	正	正
兴隆镇	2006年	6 342	1	342	802	0.12	18.2	0.32	765	3 490	13 012	1 065	2.14	11
	2007年	6 104	1	501	1 423	0.14	24.6	0.47	812	3 993	13 464	1 287	2.31	18
	2008年	5 927	1	680	1 821	0.21	27.4	0.65	871	4 203	13 645	1 367	2.65	37
	2009年	5 513	2	879	2 022	0.17	35.1	0.92	914	4 424	13 837	1 785	2.85	54
	2010年	7 215	4	984	2 628	0.13	31.3	0.93	942	4 657	14 039	1 982	3.06	97
	2011年	7 132	4	840	3 041	0.28	41.3	1.25	987	4 902	14 251	2 546	3.74	101
	2012年	6 916	5	2 562	3 752	0.46	54.3	1.67	1 089	5 160	14 475	3 312	4.06	152
	2013年	6 728	5	2 558	4 678	1.20	65.8	2.11	1 312	5 432	14 711	3 823	4.15	132
	2014年	6 449	5	2 901	5 025	0.83	79.9	2.79	1 521	5 718	14 959	4 731	4.36	201
	2015年	5 121	6	2 575	5 371	0.76	96.0	3.45	1 589	6 019	15 220	6 241	4.96	801
	2016年	3 957	6	3 659	5 924	1.03	112.5	4.00	1 601	6 336	15 495	4 774	5.45	754
甲篆镇	2006年	6 321	1	825	1 041	0.06	8.1	0.12	212	1 505	5 312	277.6	0.76	21
	2007年	6 107	1	1 204	1 345	0.13	18.2	0.74	341	1 841	6 512	339.6	0.89	172
	2008年	5 910	2	1 542	1 824	0.10	23.4	1.43	454	2 521	7 724	404.3	1.14	153
	2009年	5 724	2	2 249	2 338	0.14	37.2	2.01	572	2 736	8 032	494.6	1.32	141
	2010年	6 847	2	3 567	2 947	0.18	46.8	2.78	658	3 503	9 423	610.9	1.52	187
	2011年	6 308	3	4 178	3 859	0.18	60.9	4.83	729	4 312	11 274	706.3	1.94	328
	2012年	5 842	3	4 923	4 827	0.23	80.2	7.28	813	4 834	13 562	718.9	2.33	296
	2013年	5 267	3	5 507	5 406	0.35	110.2	10.05	976	5 507	16 043	743.2	2.73	351
	2014年	4 735	4	5 921	6 012	0.30	140.5	15.12	1 215	6 036	18 216	773.5	3.16	321
	2015年	4 297	4	6 705	6 832	0.42	172.3	18.37	1 472	6 542	19 312	852.5	3.79	297
	2016年	3 975	4	7 482	8 256	0.41	200.1	22.48	1 528	7 356	21 315	901.2	4.36	192

表8-4 2006~2016年奉节县兴隆镇巴马县甲篆镇生态保护系统的统计数据

		生态环境压力			生态保护投入			生态保护效率					
项目	指标代码	生活污水排放量/万吨 y_1	生活垃圾清运量/吨 y_2	生活废气排放/万标方 y_3	直接环保投入/万元 y_4	造林面积/公顷 y_5	生活污水日处理量/吨 y_6	生活垃圾设施/个 y_7	森林覆盖率 y_8	人均公共绿地面积/米² y_9	生活饮用水达标率 y_{10}	生活污水处理率 y_{11}	空气质量优良天数率 y_{12}	生活垃圾处理率 y_{13}
指标性质		逆	逆	逆	正	正	正	正	正	正	正	正	正	正
兴隆镇	2006年	5.80	4 217	1 240	18.24	120	0	17	88.5%	22	70%	0	100%	0
	2007年	6.70	4 468	1 284	24.55	150	0	22	88.8%	28	74%	0	100%	0
	2008年	7.10	5 024	1 342	27.41	100	0	30	89.0%	33	81%	0	100%	0
	2009年	7.50	5 658	1 396	35.11	200	0	59	89.1%	36	83%	0	100%	78%
	2010年	7.80	6 218	1 408	31.25	120	0	90	89.3%	40	88%	0	100%	85%
	2011年	8.10	6 833	1 442	41.31	150	0	132	89.4%	45	92%	0	99%	92%
	2012年	8.70	7 508	1 492	54.25	100	0	164	89.6%	48	94%	0	99%	98%
	2013年	9.20	8 251	1 503	65.83	150	0	221	89.7%	55	98%	0	97%	100%
	2014年	10.80	9 067	1 571	79.89	200	0	288	89.8%	55	100%	0	96%	100%
	2015年	13.60	9 964	1 622	96.00	250	50	331	90.0%	55	100%	13.4%	99%	100%
	2016年	15.70	10 950	1 697	1 120.47	200	100	370	90.0%	55	100%	23.2%	100%	100%
甲篆镇	2006年	0.82	3 205	267	23	150	0	15	68.3%	5.01	90%	0	100%	0
	2007年	1.35	3 276	383	18	120	0	25	69.1%	5.23	93%	0	98%	0
	2008年	2.17	3 328	570	38	200	0	40	70.4%	5.67	95%	0	98%	0
	2009年	4.79	3 418	754	240	200	0	70	71.7%	6.24	98%	0	97%	0
	2010年	6.36	3 542	1 028	320	150	0	110	72.7%	6.85	100%	0	95%	0
	2011年	9.12	3 612	1 360	421	250	0	160	74.3%	7.27	100%	0	96%	0
	2012年	14.34	3 754	1 724	307	100	0	200	75.0%	7.83	100%	0	96%	0
	2013年	19.72	3 927	2 010	1 543	150	0	250	75.9%	8.14	100%	0	97%	0
	2014年	22.30	4 161	2 341	957	200	0	285	77.3%	8.67	100%	0	98%	55%
	2015年	26.84	5 201	2 572	502	150	2 000	360	78.3%	9.14	100%	75.0%	98%	62%
	2016年	30.25	5 894	2 842	413	100	2 500	420	78.9%	9.79	100%	82.0%	98%	71%

二、原始数据的标准化

由于旅游扶贫与生态保护系统评价体系中各种指标的性质、经济意义和数据单位不尽相同,不能直接进行综合评价分析。因此,必须对其进行归一化处理,以消除原始数据对评价结果的影响。本书根据指标的性质分别采用以下公式进行归一化。

正向指标:

$$x'_{ij} = \frac{x_{ij} - x_{j\min}}{x_{j\max} - x_{j\min}} \quad (i=1,2,\cdots,n; j=1,2,\cdots,m)$$

逆向指标:

$$x'_{ij} = \frac{x_{j\max} - x_{ij}}{x_{j\max} - x_{j\min}} \quad (i=1,2,\cdots,n; j=1,2,\cdots,m)$$

其中,x_{ij} 为第 i 个样本第 j 个评价指标;$x_{j\max}$ 为第 j 个指标的最大值;$x_{j\min}$ 为第 j 个指标的最小值。

为了消除多因素指标归一化后的影响,还需对各个指标进行标准化处理,本书根据评价指标的特点采用直线型标准化中的均值法对各个指标进行标准化处理,其计算公式如下:

$$S_i = \sum_{j=1}^{m} w_j x'_{ij}$$

三、评价指标权重的确定

为保证指标的客观真实性,本书采用客观赋权法中的熵值法为各个评价指标确定权重。首先,假定指标的信息熵值 $e_j = -k \sum_{j=1}^{m} y_{ij} \ln y_{ij}$(常数 k 由系统的样本数 n 决定)。当某个信息有序度为零时,熵值最大,即 $e_j = 1$;当 n 个样本完全处于无序分布状态时,则 $y_{ij} = \frac{1}{n}$,可得到 $k = \frac{1}{\ln(n)}$,$e_j = -\frac{1}{\ln(n)} \sum_{j=1}^{m} y_{ij} \ln y_{ij}$($0 \leq e_j \leq 1$)。因此,某项指标的信息熵值 e_j 与 1 的差值则决定其信息效用价值 d_j,即 $d_j = 1 - e_j$;为使 $\ln y_{ij}$ 有意义,一般要假定当 $y_{ij} = 0$ 时,$y_{ij} \ln y_{ij} = 0$。其次,利用熵值法的计算公式 $w_j = \frac{1 - e_j}{\sum_{j=1}^{m}(1 - e_j)}$($0 \leq w_j \leq 1, \sum w_j = 1$)算出武隆仙女山镇、

石柱黄水镇、奉节兴隆镇及巴马甲篆镇旅游扶贫与生态保护系统各项指标的权重（表 8-5~表 8-8）。

表 8-5　仙女山镇旅游扶贫与生态系统评价指标权重赋值表

大系统	子系统		评价指标	
	名称	权重值	名称	权重值
生态保护	生态环境压力	0.109	生活污水排放量（万吨）	0.046
			生活垃圾清运量（吨）	0.036
			生活废气排放量（万标方）	0.027
	生态保护投入	0.375	直接环保投入（万元）	0.093
			造林面积（公顷）	0.139
			生活污水日处理量（吨）	0.054
			生活垃圾收运设施（个）	0.089
	生态保护效率	0.516	森林覆盖率	0.129
			人均公共绿地面积（米^2）	0.114
			生活饮用水达标率	0.051
			生活污水处理率	0.053
			空气质量优良天数率	0.116
			生活垃圾处理率	0.053
旅游扶贫	旅游扶贫压力	0.057	贫困人口（人）	0.057
	旅游扶贫投入	0.399	旅游景区（点）（个）	0.115
			住宿设施床位（张）	0.032
			餐厅餐位（个）	0.042
			固定资产投入额（亿元）	0.107
			旅游度假地产开发量（万米^2）	0.103
	旅游扶贫效率	0.544	旅游者人数（万人次）	0.035
			旅游综合收入（亿元）	0.052
			社零销售额（亿元）	0.049
			农民人均年收入（元）	0.058
			城镇居民人均年收入（元）	0.052
			地区财政收入（万元）	0.109
			地区生产总值（亿元）	0.056
			旅游脱贫人口（人）	0.133

表 8-6　黄水镇旅游扶贫与生态系统评价指标权重赋值表

大系统	子系统		评价指标	
	名称	权重值	名称	权重值
生态保护	生态环境压力	0.127	生活污水排放量（万吨）	0.032
			生活垃圾清运量（吨）	0.040
			生活废气排放量（万标方）	0.055
	生态保护投入	0.332	直接环保投入（万元）	0.061
			造林面积（公顷）	0.133
			生活污水日处理量（吨）	0.053
			生活垃圾收运设施（个）	0.085
	生态保护效率	0.541	森林覆盖率	0.171
			人均公共绿地面积（米^2）	0.276
			生活饮用水达标率	0.001
			生活污水处理率	0.053
			空气质量优良天数率	0.001
			生活垃圾处理率	0.039
旅游扶贫	旅游扶贫压力	0.029	贫困人口（人）	0.029
	旅游扶贫投入	0.389	旅游景区（点）（个）	0.077
			住宿设施床位（张）	0.056
			餐厅餐位（个）	0.068
			固定资产投入额（亿元）	0.089
			旅游度假地产开发量（万米^2）	0.099
	旅游扶贫效率	0.582	旅游者人数（万人次）	0.061
			旅游综合收入（亿元）	0.061
			社零销售额（亿元）	0.096
			农民人均年收入（元）	0.050
			城镇居民人均年收入（元）	0.058
			地区财政收入（万元）	0.114
			地区生产总值（亿元）	0.058
			旅游脱贫人口（人）	0.084

表 8-7　兴隆镇旅游扶贫与生态系统评价指标权重赋值表

大系统	子系统		评价指标	
	名称	权重值	名称	权重值
生态保护	生态环境压力	0.075	生活污水排放量（万吨）	0.020
			生活垃圾清运量（吨）	0.028
			生活废气排放量（万标方）	0.027
	生态保护投入	0.542	直接环保投入（万元）	0.203
			造林面积（公顷）	0.037
			生活污水日处理量（吨）	0.241
			生活垃圾收运设施（个）	0.061
	生态保护效率	0.383	森林覆盖率	0.026
			人均公共绿地面积（米^2）	0.027
			生活饮用水达标率	0.027
			生活污水处理率	0.239
			空气质量优良天数率	0.019
			生活垃圾处理率	0.045
旅游扶贫	旅游扶贫压力	0.076	贫困人口（人）	0.076
	旅游扶贫投入	0.329	旅游景区（点）（个）	0.078
			住宿设施床位（张）	0.080
			餐厅餐位（个）	0.052
			固定资产投入额（亿元）	0.119
	旅游扶贫效率	0.595	旅游者人数（万人次）	0.077
			旅游综合收入（亿元）	0.081
			社零销售额（亿元）	0.077
			农民人均年收入（元）	0.043
			城镇居民人均年收入（元）	0.042
			地区财政收入（万元）	0.080
			地区生产总值（亿元）	0.060
			旅游脱贫人口（人）	0.135

表 8-8 甲篆镇旅游扶贫与生态系统评价指标权重赋值表

大系统	子系统		评价指标	
	名称	权重值	名称	权重值
生态保护	生态环境压力	0.082	生活污水排放量（万吨）	0.030
			生活垃圾清运量（吨）	0.019
			生活废气排放量（万标方）	0.033
	生态保护投入	0.391	直接环保投入（万元）	0.071
			造林面积（公顷）	0.035
			生活污水日处理量（吨）	0.232
			生活垃圾收运设施（个）	0.053
	生态保护效率	0.527	森林覆盖率	0.034
			人均公共绿地面积（米^2）	0.039
			生活饮用水达标率	0.019
			生活污水处理率	0.231
			空气质量优良天数率	0.026
			生活垃圾处理率	0.178
旅游扶贫	旅游扶贫压力	0.061	贫困人口（人）	0.061
	旅游扶贫投入	0.331	旅游景区（点）（个）	0.109
			住宿设施床位（张）	0.073
			餐厅餐位（个）	0.080
			固定资产投入额（亿元）	0.069
	旅游扶贫效率	0.608	旅游者人数（万人次）	0.094
			旅游综合收入（亿元）	0.118
			社零销售额（亿元）	0.066
			农民人均年收入（元）	0.069
			城镇居民人均年收入（元）	0.078
			地区财政收入（万元）	0.056
			地区生产总值（亿元）	0.089
			旅游脱贫人口（人）	0.038

第二节 仙女山镇/黄水镇旅游扶贫与生态保护耦合态势评估

一、仙女山镇旅游扶贫与生态保护的耦合态势

(一)仙女山镇旅游扶贫与生态保护系统的综合评价指数

在旅游扶贫与生态保护的评价指标体系中,每项指标不仅能从不同角度反映其现状,还能影响其发展水平和质量。为全面反映旅游扶贫与生态保护的耦合效应,本书采用多因素综合评价模型:

$$S_i = \sum_{j=1}^{m} w_j x'_{ij}$$

其中,w_j为各指标权重;x'_{ij}为各指标的归一化值。

运用多因素综合评价模型计算得到2004~2016年仙女山镇旅游扶贫与生态保护两大系统的综合评价指数,见表8-9。

表8-9 仙女山镇旅游扶贫与生态保护系统的综合评价指数

系统	2004年	2005年	2006年	2007年	2008年	2009年	2010年
旅游扶贫	0.005	0.034	0.072	0.111	0.112	0.155	0.187
生态保护	0.325	0.363	0.395	0.341	0.497	0.550	0.501
系统	2011年	2012年	2013年	2014年	2015年	2016年	
旅游扶贫	0.465	0.496	0.619	0.666	0.909	0.948	
生态保护	0.481	0.541	0.545	0.633	0.585	0.596	

从表8-9和图8-1可知:武隆县仙女山镇旅游扶贫系统的综合评价指数呈跳跃式上升态势。其中,2004~2007年为高速上升期,其综合评价指数由2004年的0.005上升至2007年的0.111,2005~2007年的上升幅度分别为580%、112%和54%。2008~2010年综合评价指数进入快速上升期,2008年成为首个拐点,其综合评价指数的上升幅度不足1%,2009~2010年其上升幅度分别为38.4%和20.6%。2011年出现第2个拐点,其综合评价指数较由2010年的0.187跃升至0.465,其上升幅度近150%;2012~2014年其综合评价指数进入低速上升期,上升幅度分别为6.7%、24.8%和7.6%。2015年出现第3个拐点,其综合评价指数由2014年的0.666

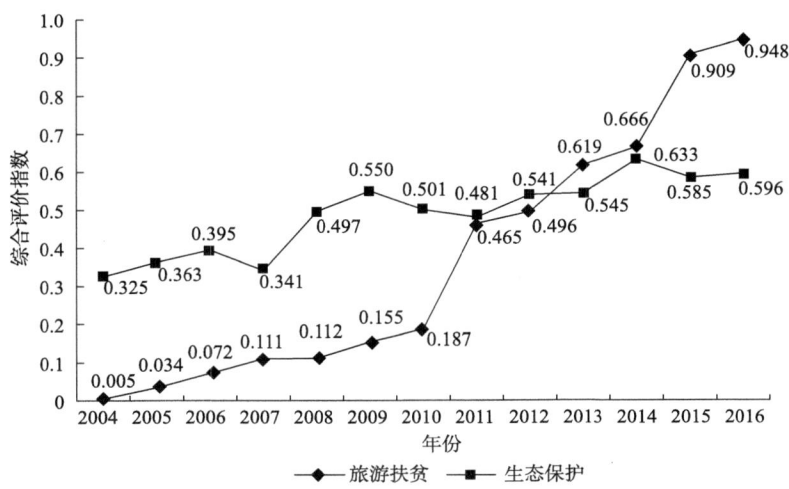

图 8-1　2004~2016 年仙女山镇旅游扶贫与生态保护系统综合评价指数变化态势

上升至 0.909，上升幅度达 36.5%，随后其综合评价指数再次进入低速上升期，2016 年的综合评价指数的上升幅度不足 5%。由此可见，仙女山镇的旅游扶贫系统综合评价指数的年际变化与上升态势都比较明显。

仙女山镇生态保护系统的综合评价指数则呈明显的波浪式上升态势。首先，2006 年、2009 年和 2014 年为综合评价指数的波峰，而 2007 年、2011 年和 2015 年则是综合评价指数的波谷。其次，生态保护系统综合评价指数的上升幅度较小，曲线的波动变化比较平缓。由此可知，仙女山镇生态保护系统的年际变化与上升态势并不显著。从仙女山镇生态保护系统的综合评价指数变化态势不难发现：生态保护系统的发展变化不仅受到系统内部各要素的影响（如 2008 年污染治理工程建成投入使用），也受到外部作用力的制约，结合旅游扶贫系统综合评价指数的变化态势来看，生态保护系统的发展变化受到旅游扶贫系统的胁迫作用比较明显，生态保护系统的综合评价指数均在旅游扶贫系统综合评价指数快速上升的当年或次年出现下降，尤其是 2010 年后，由于旅游扶贫系统推进速度较快，生态保护系统的综合评价指数的波动更为频繁。

就仙女山镇旅游扶贫与生态保护两大系统综合评价指数的比较而言，2004~2012 年生态保护系统的综合评价指数明显高于旅游扶贫系统，说明生态保护系统的发展变化明显快于旅游扶贫系统。2013~2016 年生态保护系统的综合评价指数低于旅游扶贫系统，说明在仙女山镇生态保护系统受到旅游扶贫开发高速推进的冲击更加突出，其发展变化明显弱于旅游扶贫系统。

（二）仙女山镇旅游扶贫与生态保护系统的演化速度

由于旅游扶贫系统与生态保护系统的耦合态势取决于旅游扶贫系统与生态保护系统自身的演化及两大系统的交互影响，因此，只有在确定两大系统的综合评价指数与时间的拟合曲线后，才能得到旅游扶贫系统与生态保护系统的耦合态势模型。经过 SPSS 19.0 for Windows 将仙女山镇旅游扶贫与生态保护系统的综合评价指数与时间进行拟合后得到的结果见表 8-10、图 8-2 和图 8-3。

表 8-10　仙女山镇旅游扶贫与生态保护系统模型汇总与参数估计

系统	函数类型	模型汇总					参数估计			
		R^2	F	df1	df2	Sig.	常数	$b1$	$b2$	$b3$
旅游扶贫	线性	0.919	124.649	1	11	0.000	−0.210	0.082		
	对数	0.690	24.517	1	11	0.000	−0.263	0.364		
	倒数	0.378	6.697	1	11	0.025	0.564	0.082		
	二次	0.977	202.882	2	10	0.000	0.007	0.004	0.006	
	三次	0.977	132.041	3	9	0.000	0.065	−0.047	0.013	0.000
生态保护	线性	0.820	50.240	1	11	0.000	0.323	0.024		
	对数	0.806	45.716	1	11	0.000	0.282	0.120		
	倒数	0.587	15.613	1	11	0.002	0.564	−0.304		
	二次	0.845	27.298	2	10	0.000	0.280	0.041	−0.001	
	三次	0.845	16.404	3	9	0.001	0.286	0.037	−0.001	−0.000 034

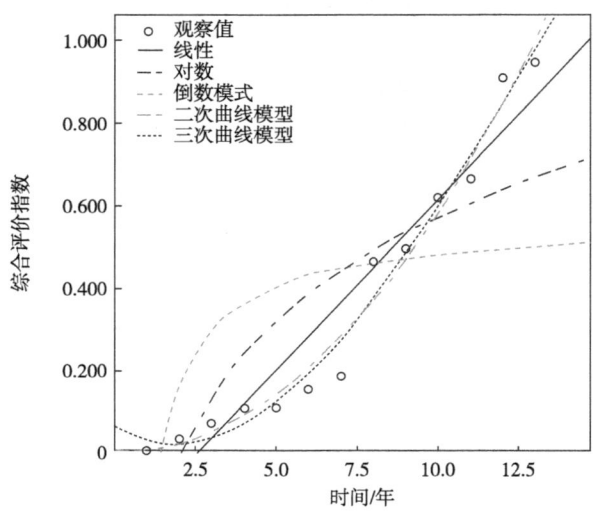

图 8-2　仙女山镇旅游扶贫系统曲线拟合图

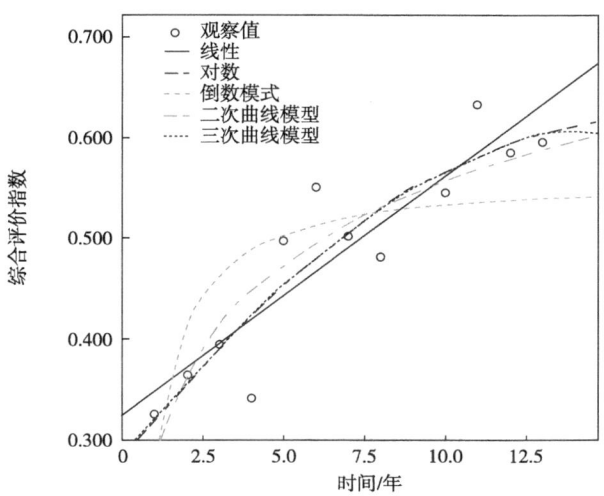

图 8-3 仙女山镇生态保护系统曲线拟合图

根据表 8-10 可知，仙女山镇旅游扶贫系统综合评价指数与时间拟合得到的二次曲线模型和三次曲线模型可决系数相同，说明拟合程度一致。其中，三次曲线模型的三次项系数为 0，其本质是二次曲线模型。为与后续的拟合分析方法保持统一，我们认为生态保护系统仍遵循三次项系数为 0 的三次曲线模型。生态保护系统综合评价指数与时间拟合的三次函数最好。因此，可以得到旅游扶贫系统和生态保护系统与时间拟合的曲线模型。

旅游扶贫系统：
$$A(t) = 0.065 - 0.047t + 0.013t^2 + 0.000t^3, \quad t = 1, 2, \cdots, 13$$

生态保护系统：
$$B(t) = 0.286 + 0.037t - 0.001t^2 - 0.000\,034t^3, \quad t = 1, 2, \cdots, 13$$

依据耦合态势模型可以得到如下公式。

旅游扶贫系统：
$$V_A = \frac{dA}{dt} = -0.047 + 0.026t + 0.000t^2$$

生态保护系统：
$$V_B = \frac{dB}{dt} = 0.037 - 0.002t - 0.000\,102t^2$$

其中，$t=1$ 为 2004 年，$t=2$ 为 2005 年，……，$t=13$ 为 2016 年。根据前述的计量模型可以得到仙女山镇旅游扶贫与生态保护系统的演化态势，以及两大系统耦合态势的计算结果（表 8-11）。

表 8-11　仙女山镇旅游扶贫与生态保护系统的演化速度与耦合度

指数	2004年	2005年	2006年	2007年	2008年	2009年	2010年
V_A	−0.021	0.005	0.031	0.057	0.083	0.109	0.135
V_B	0.035	0.033	0.030	0.027	0.024	0.021	0.018
V_A/V_B	−0.601	0.153	1.031	2.082	3.394	5.110	7.499
α(°)	−31.0	8.7	45.8	64.3	73.5	78.9	82.4
指数	2011年	2012年	2013年	2014年	2015年	2016年	
V_A	0.161	0.187	0.213	0.239	0.265	0.291	
V_B	0.014	0.011	0.007	0.003	−0.002	−0.006	
V_A/V_B	11.124	17.414	31.323	89.917	−156.990	−46.649	
α(°)	84.8	86.7	88.1	89.3	−89.6	−88.7	

注：V_A/V_B值、α值根据V_A和V_B的原始数据计算得出

从表 8-11 和图 8-4 可知：仙女山镇旅游扶贫系统的演化速度由 2004 年的−0.021 上升到 2016 年的 0.291，呈现出直线上升态势，说明旅游扶贫系统一直处于不断优化之中；而生态保护系统的演化速度则由 2004 年的 0.035 下降至 2016 年的−0.006，呈现出直线下降态势，说明生态保护系统在旅游扶贫开发快速推进的胁迫影响之下，一直处于不断弱化状态，生态环境退化态势明显。在 2004~2016 年仅有 2004 年和 2005 年的旅游扶贫系统演化速度（V_A）低于生态保护系统的演化速度（V_B），说明生态保护系统整体上优于旅游扶贫系统；其后的 11 年间旅游扶贫系统的演化速度始终高于生态保护系统的演化速度，即 V_A>V_B。其中，2006 年旅游扶贫系统的演化速度与生态保护系统的演化速度大致相当，2007 年则迅速超过生态保护系统的演化速度，其差距随着时间的推移迅速扩大。由此可见，仙女山镇旅游扶贫与生态保护系统之间的矛盾冲突已经十分明显。

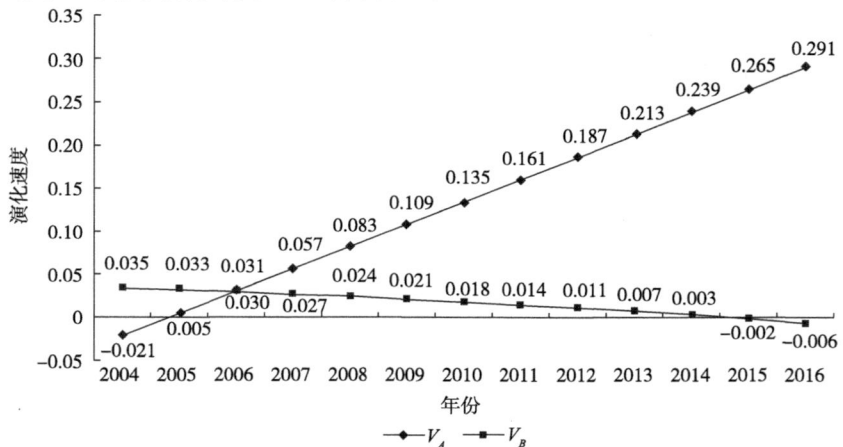

图 8-4　2004~2016 年仙女山镇旅游扶贫与生态保护系统演化速度变化态势

（三）仙女山镇旅游扶贫与生态保护系统耦合度的变化态势

从旅游扶贫与生态保护系统的耦合态势变化来看，2004~2016 年仙女山镇旅游扶贫与生态保护系统的耦合发展经历了低水平协调、改善磨合和拮抗三个阶段。其中，2004 年旅游扶贫与生态保护系统的耦合度为–31.0°，介于–90°~0°，且 $V_A < V_B$，其耦合发展处于低水平协调阶段，说明仙女山镇的生态保护系统优于旅游扶贫系统，生态环境能够满足旅游扶贫开发的需要且能够承受旅游扶贫开发产生的环境影响。2005 年两大系统的耦合度上升至 8.7°，介于 0°~45°，且 V_A 仍然小于 V_B，说明旅游扶贫系统与生态保护系统的耦合发展进入改善磨合阶段的"改善期"，由此可见 2005 年旅游扶贫系统得到进一步优化，与生态保护系统的关系状态得到一定程度的改善。2006~2014 年两大系统的耦合度由 45.8° 持续上升到 89.3°，介于 45°~90°，且 $V_A > V_B$，表明两大系统的耦合发展已经进入改善磨合阶段的"磨合期"，旅游扶贫系统的演化速度持续上升并不断得到优化，而生态保护系统的演化速度则持续下降，说明在这一阶段旅游扶贫开发的加速推进已经对生态环境产生更加明显的胁迫效应，导致生态环境持续退化，两大系统的矛盾与冲突显现且日趋明显。2015 年和 2016 年两大系统的耦合度计算结果分别为–89.6°（90.4°）和–88.7°（91.3°）（图 8-5），根据耦合度的判定标准，其耦合发展已经进入第三象限，即拮抗阶段，说明旅游扶贫开发的高速推进，旅游产业规模的持续扩大对生态保护系统所造成的胁迫效应进一步增强，生态环境已难以承受其负面影响，旅游扶贫系统与生态保护系统的矛盾冲突已经十分尖锐，控制旅游扶贫开发的推进速度和旅游产业规模，有效防治旅游扶贫的负面环境影响已刻不容缓。

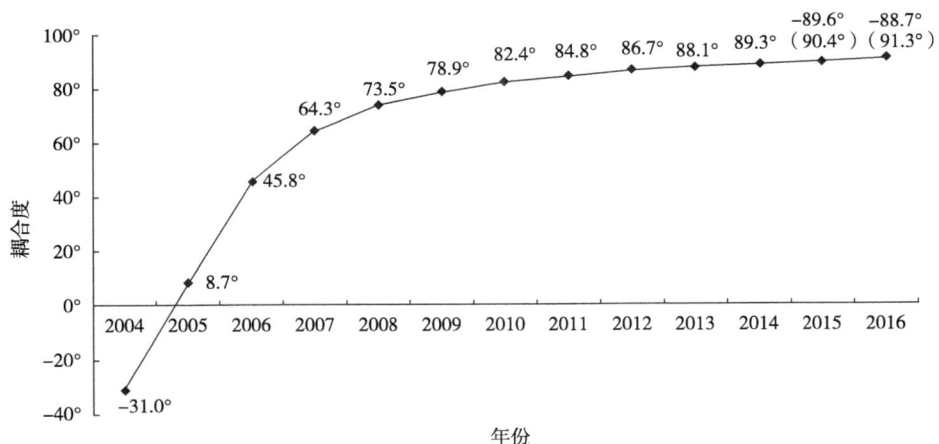

图 8-5 2004~2016 年仙女山镇旅游扶贫与生态保护系统耦合度变化态势

二、黄水镇旅游扶贫与生态保护的耦合态势

(一)黄水镇旅游扶贫与生态保护系统的综合评价指数

运用多因素综合评价模型计算得到2004~2016年黄水镇旅游扶贫与生态保护系统的综合评价指数,见表8-12。

表8-12 黄水镇旅游扶贫与生态保护系统的综合评价指数

系统	2004年	2005年	2006年	2007年	2008年	2009年	2010年
旅游扶贫	0.011	0.017	0.038	0.079	0.123	0.173	0.269
生态保护	0.298	0.320	0.345	0.407	0.576	0.634	0.682
系统	2011年	2012年	2013年	2014年	2015年	2016年	
旅游扶贫	0.425	0.510	0.621	0.755	0.864	0.983	
生态保护	0.705	0.752	0.814	0.846	0.861	0.873	

根据表8-12和图8-6可以看出:石柱县黄水镇旅游扶贫系统的综合评价指数由2004年的0.011上升至2016年的0.983,呈现出渐进式上升态势。其中,2004~2007年旅游扶贫系统的综合评价指数较小,但年际上升速度较快,年际增速超过50%或100%,属于急速上升期。2008~2011年综合评价指数明显增大,且上升幅度始终保持在40%~60%,属于快速上升期。2012~2016年综合评价指数仍然不断增大,但年际上升幅度降低,介于10%~25%,属于中速上升期。

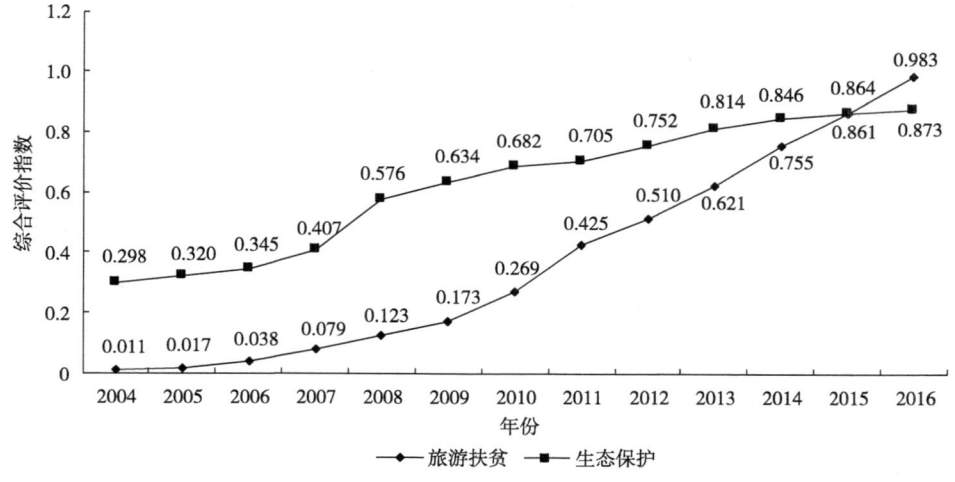

图8-6 2004~2016年黄水镇旅游扶贫与生态保护系统综合评价指数变化态势

黄水镇生态保护系统的综合评价指数由 2004 年的 0.298 上升至 2016 年的 0.873，呈现出缓慢上升态势。除 2008 年因治污工程投入使用对生态环境有明显改善，其上升幅度超过 40%外，2008 年后的年际上升幅度均在 10%及以下，说明黄水镇生态保护系统的发展演化进程缓慢。

从黄水镇旅游扶贫与生态保护系统综合评价指数的对比来看，2004~2014 年生态保护系统的综合评价指数始终高于旅游扶贫系统的综合评价指数，2015 年旅游扶贫的综合评价指数超过生态保护系统的综合评价指数，说明黄水镇生态保护系统明显优于旅游扶贫系统，其生态环境对旅游扶贫的保障支撑作用明显。

（二）黄水镇旅游扶贫与生态保护系统的演化速度

经过 SPSS 19.0 for Windows 将黄水镇旅游扶贫系统与生态保护系统的综合评价指数与时间拟合得到的二次曲线模型和三次曲线模型可决系数相同，说明拟合程度一致。其中，三次曲线模型的三次项系数为 0，其本质是二次曲线模型。为与后续的拟合分析方法保持统一，我们认为生态保护系统仍遵循三次项系数为 0 的三次曲线模型，其结果见表 8-13、图 8-7 和图 8-8。

表 8-13　黄水镇旅游扶贫与生态保护系统模型汇总与参数估计

系统	函数类型	模型汇总					参数估计			
		R^2	F	df1	df2	Sig.	常数	b_1	b_2	b_3
旅游扶贫	线性	0.945	190.610	1	11	0.000	−0.225	0.086		
	对数	0.714	27.446	1	11	0.000	−0.282	0.379		
	倒数	0.387	6.959	1	11	0.023	0.578	−0.830		
	二次	0.996	925.918	2	10	0.000	−0.019	0.003	0.006	
	三次	0.996	1536.590	3	9	0.000	0.063	−0.056	0.016	0.000
生态保护	线性	0.947	196.428	1	11	0.000	0.248	0.054		
	对数	0.905	105.082	1	11	0.000	0.160	0.269		
	倒数	0.621	18.038	1	11	0.001	0.789	−0.663		
	二次	0.977	182.820	2	10	0.000	0.153	0.092	−0.003	
	三次	0.977	150.764	3	9	0.000	0.227	0.038	0.007	0.000

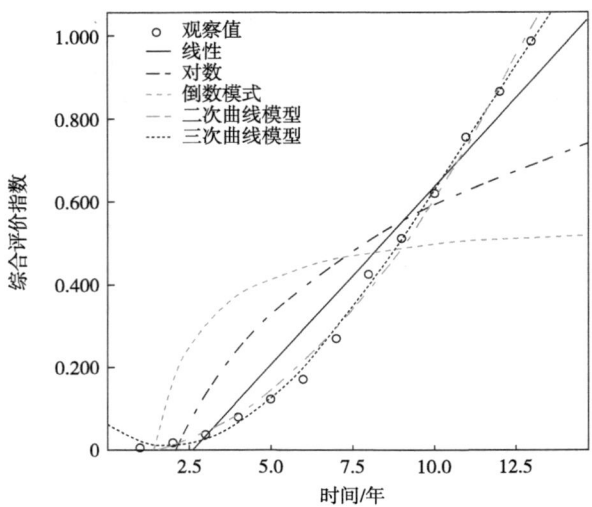

图 8-7 黄水镇旅游扶贫系统曲线拟合图

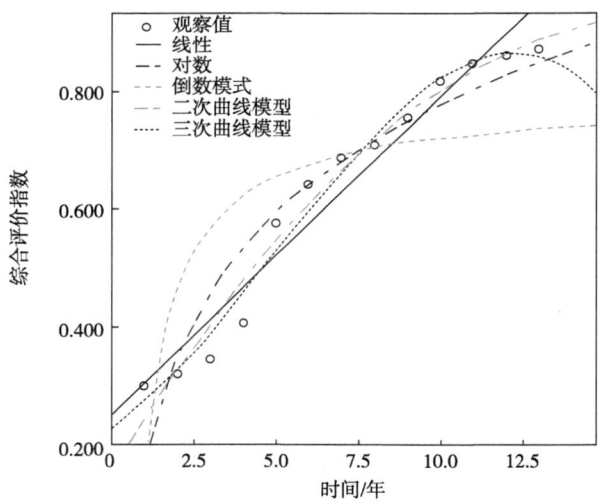

图 8-8 黄水镇生态保护系统曲线拟合图

根据表 8-13 可知：黄水镇旅游扶贫系统、生态保护系统的综合评价指数与时间拟合的三次函数最好。因此，可以得到旅游扶贫系统、生态保护系统与时间拟合的曲线模型。

旅游扶贫系统：
$$A(t) = 0.063 - 0.056t + 0.016t^2 + 0.000t^3, \quad t = 1, 2, \cdots, 13$$

生态保护系统：
$$B(t) = 0.227 + 0.038t + 0.007t^2 + 0.000t^3, \quad t = 1, 2, \cdots, 13$$

依据耦合态势模型可以得到如下公式。
旅游扶贫系统：

$$V_A = \frac{dA}{dt} = -0.056 + 0.032t + 0.000t^2$$

生态保护系统：

$$V_B = \frac{dB}{dt} = 0.038 + 0.014t + 0.000t^2$$

其中，$t=1$ 为 2004 年，$t=2$ 为 2005 年，……，$t=13$ 为 2016 年。根据前述的计量模型我们可以得到黄水镇旅游扶贫与生态保护系统的演化态势，以及两大系统耦合态势的计算结果（表 8-14）。

表 8-14 黄水镇旅游扶贫与生态保护系统的演化速度与耦合度

指数	2004 年	2005 年	2006 年	2007 年	2008 年	2009 年	2010 年
V_A	−0.024	0.008	0.040	0.072	0.104	0.136	0.168
V_B	0.052	0.066	0.080	0.094	0.108	0.122	0.136
V_A/V_B	−0.462	0.121	0.500	0.766	0.963	1.115	1.235
α (°)	−24.7	6.9	26.5	37.4	43.9	48.1	51.0
指数	2011 年	2012 年	2013 年	2014 年	2015 年	2016 年	
V_A	0.200	0.232	0.264	0.296	0.328	0.360	
V_B	0.150	0.164	0.178	0.192	0.206	0.220	
V_A/V_B	1.333	1.415	1.483	1.542	1.592	1.636	
α (°)	53.1	54.7	56.0	57.0	57.8	58.5	

注：V_A/V_B 值、α 值根据 V_A 和 V_B 的原始数据计算得出

从表 8-14 和图 8-9 可知：2004~2016 年黄水镇旅游扶贫与生态保护两大系统的演化速度始终处于持续上升状态，说明黄水镇旅游扶贫与生态保护两大系统一直处于不断演进优化之中，旅游扶贫系统的演化速度由 2004 年的−0.024 上升至 2016 年 0.360，而生态保护系统的演化速度由 2004 年的 0.052 上升至 2016 年的 0.220。

从黄水镇旅游扶贫与生态保护系统演化速度的对比来看，2004~2008 年黄水镇旅游扶贫系统的演化速度（V_A）低于生态保护系统的演化速度（V_B），说明黄水镇的生态保护系统的演变发展状态优于旅游扶贫系统，其生态环境完全能够承受和满足旅游扶贫开发的需要，能够支撑旅游扶贫开发的继续推进。2009 年黄水镇旅游扶贫系统的演化速度超过生态保护系统并一直持续到研究期末的 2016 年，即 $V_A>V_B$，两大系统演化速度的差距从 2009 年的 1.115 倍增加至 2016 年的 1.636 倍（图 8-9）。研究结果表明在这一阶段黄水镇旅游扶贫系统的发展变化状态始终优于生态保护系统，旅游扶贫开发的持续推进已在一定程度上影响了生态保护系

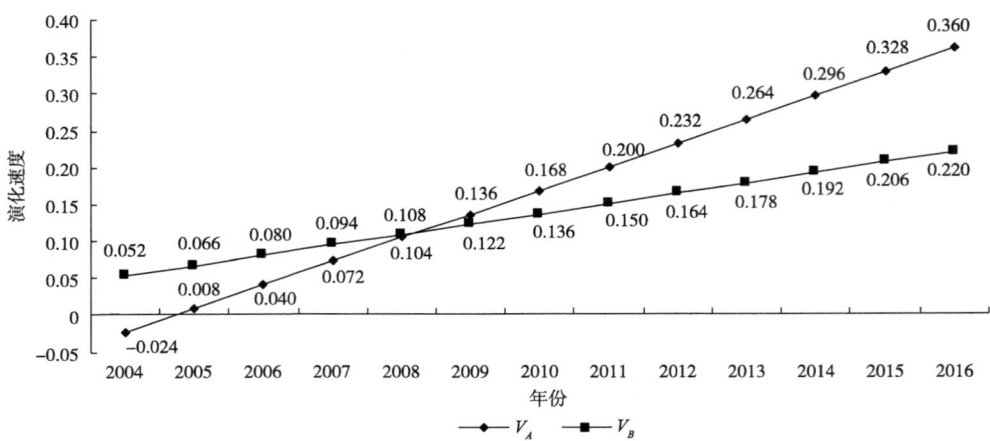

图 8-9　2004~2016 年黄水镇旅游扶贫与生态保护系统演化速度变化态势

统的发展演进，对其的胁迫作用逐渐显现出来，从而导致生态保护系统的演化速度减缓；尽管黄水镇在这一阶段采取了一些工程措施（如污染处理厂投入使用，建立生活垃圾集中收运系统等）来治理旅游扶贫开发快速推进、旅游产业规模持续扩张带来的负面环境影响，但由于旅游扶贫开发的推进速度远远高于生态环境污染的治理速度，所以生态保护系统的发展演化仍然不及旅游扶贫系统。

（三）黄水镇旅游扶贫与生态保护系统耦合度的变化态势

从旅游扶贫与生态保护系统的耦合态势变化来看，2004~2016 年黄水镇旅游扶贫与生态保护系统的耦合发展从低水平协调进入改善磨合阶段。其中，2004 年旅游扶贫与生态保护系统的耦合度为-24.7°，介于-90°~0°，且 $V_A<V_B$，其耦合发展处于低水平协调阶段，一方面表明黄水镇的生态环境不仅能支撑和保障旅游扶贫开发的需要，也能够消化吸纳旅游扶贫开发可能产生的消极环境影响；另一方面也说明黄水镇的旅游扶贫开发与当期的生态环境状态不完全匹配，旅游扶贫的发展水平还有待进一步提高。2005~2008 年旅游扶贫与生态保护系统的耦合度由 6.9° 逐渐上升到 43.9°，α 介于 0°~45°，且 V_A 仍然小于 V_B，表明两大系统的耦合发展已从低水平协调阶段进入改善磨合阶段的"改善期"。在这一阶段，旅游扶贫与生态保护系统都在演进优化，且生态保护系统的演进优化状态仍然优于旅游扶贫系统，只不过两大系统的和谐协调较前一个阶段有了一定程度的改善，但两大系统的和谐协调仍然处于比较低的水平。2009~2016 年旅游扶贫与生态保护系统的耦合度由 48.1° 上升到 58.5°，α 介于 45°~90°，且 $V_A>V_B$（图 8-9、图 8-10），表明两大系统的耦合发展从改善磨合阶段的"改善期"进入"磨合期"。在这一阶段，旅游扶贫与生态保护系统的演化速度虽然在上升，但 $V_A>V_B$ 说明旅游扶贫系统的发展演化状态已经优于生态保护系统，旅游扶贫开发的快速推进，旅游接待设施和旅游者的持续增量已经对黄水镇的生态环境造成了一定的负面影响，旅游扶贫对生态环境的胁迫效应日渐显现，两大系统处于相互影响的交替磨合状态。

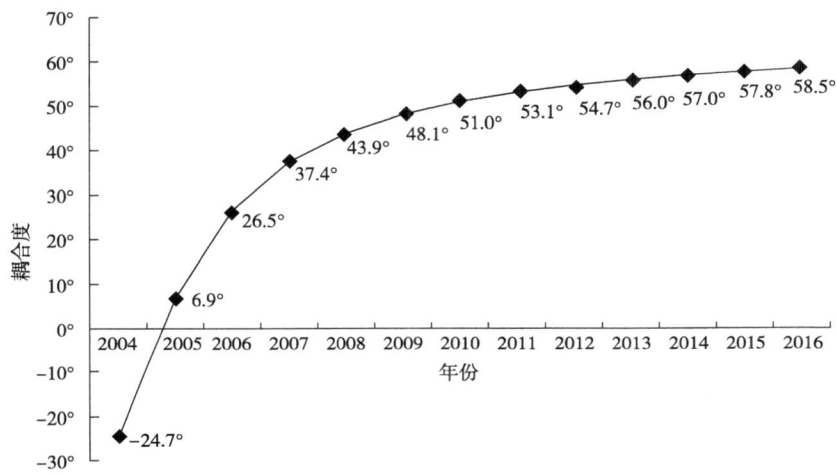

图 8-10　2004~2016 年黄水镇旅游扶贫与生态保护系统耦合度变化态势

三、仙女山镇/黄水镇旅游扶贫与生态保护的耦合发展态势比较

（一）旅游扶贫与生态保护的演化速度比较

从仙女山镇、黄水镇旅游扶贫系统的演化速度来看，2004 年黄水镇旅游扶贫系统的演化速度略低于仙女山镇，说明黄水镇旅游扶贫开发的规模与效率略差于仙女山镇，但 2005 年黄水镇旅游扶贫系统的演化速度已高于仙女山镇 60%，其后直至 2016 年黄水镇旅游扶贫系统的演化速度始终比仙女山镇高出 20%~30%（表 8-15），由此可见，黄水镇旅游扶贫系统的发展演进状态比仙女山镇更胜一筹，两镇的旅游扶贫开发与旅游产业发展的现实情况也能佐证这一结果。尽管仙女山镇的旅游扶贫起步早于黄水镇，且游客接待量和旅游收入远远高于黄水镇，但黄水镇旅游扶贫与旅游产业发展速度并不逊色于仙女山镇，因为 2004~2016 年黄水镇的游客接待量与旅游综合收入分别增加 67 倍，旅游住宿设施床位量增加 28 倍，餐位量增加 151.7 倍，旅游度假地产开发总量 121 万平方米；而同期仙女山镇的游客接待量增加 14.3 倍，旅游综合收入增加 78.5 倍，旅游住宿设施床位量增加 1.6 倍，餐位量增加 1.8 倍，旅游度假地产开发总量 217.6 万平方米（表 8-1）。

表 8-15　仙女山/黄水镇旅游扶贫与生态保护系统演化速度对照表

指数		2004年	2005年	2006年	2007年	2008年	2009年	2010年
V_A	仙女山镇	-0.021	0.005	0.031	0.057	0.083	0.109	0.135
	黄水镇	-0.024	0.008	0.040	0.072	0.104	0.136	0.168
V_B	仙女山镇	0.035	0.033	0.030	0.027	0.024	0.021	0.018
	黄水镇	0.052	0.066	0.080	0.094	0.108	0.122	0.136

指数		2011年	2012年	2013年	2014年	2015年	2016年
V_A	仙女山镇	0.161	0.187	0.213	0.239	0.265	0.291
	黄水镇	0.200	0.232	0.264	0.296	0.328	0.360
V_B	仙女山镇	0.014	0.011	0.007	0.003	-0.002	-0.006
	黄水镇	0.150	0.164	0.178	0.192	0.206	0.220

就仙女山镇、黄水镇生态保护系统的演化速度来看，2004~2016年黄水镇生态保护系统的演化速度始终高于仙女山镇，且黄水镇生态保护系统的演化速度一直处于持续上升状态，而仙女山镇生态保护系统的演化速度却始终处于持续下降状态。研究结果表明黄水镇生态保护系统虽然在后期受到了旅游扶贫开发的胁迫限制，但总体上在不断向好的方向发展演化；仙女山镇的生态保护系统在不断受到高速演进的旅游扶贫系统的强烈冲击下，其生态环境不仅没有向好的方向发展演进，反而在不断地退化，其旅游扶贫系统对生态保护系统的胁迫效应显著强于黄水镇（表 8-15）。从相关统计资料来看，2004~2016年黄水镇生活污水排放量增加 11.7 倍，生活垃圾清运量增加 5 倍，森林覆盖率从 82% 增至 84.2%，人均公共绿地面积从 14.5 平方米增至 17.9 平方米；到 2016 年生活污水处理率达到 99%，生活垃圾处理率和空气质量优良天数率分别达到 97%。而 2004~2016 年仙女山镇由于旅游者成倍增长，其生活污水排放量增加 1030 倍，生活垃圾清运量增加 3.2 倍，森林覆盖率从 65% 增至 67.4%，人均公共绿地面积从 300 平方米降至 100 平方米；到 2016 年生活污水处理率达到 98%，生活垃圾处理率达到 95%，空气质量优良天数率由 98% 下降至 90%（表 8-2）。由此可见，仙女山镇的生态环境存在退化现象。

（二）旅游扶贫与生态保护的耦合发展态势比较

从旅游扶贫与生态保护系统耦合度的变化态势来看，仙女山镇和黄水镇的耦合发展经历的阶段明显不同，黄水镇经历了低水平协调和改善磨合两个阶段，而仙女山镇依次经历了低水平协调、改善磨合和拮抗三个阶段。首先，在 2004 年两镇两大系统的耦合度都介于 -90°~0°（图 8-11），其耦合发展处于低水平协调阶段，但黄水镇的耦合度高于仙女山镇，说明黄水镇两大系统的协调匹配度优于仙女山镇。2005年两镇两大系统的耦合度都介于0°~45°（图8-11），其耦合发展均处于改善磨合阶段的"改善期"，但仙女山镇的耦合度略高于黄水镇，说明仙女山镇旅游扶贫与生态保护两大系统的协调匹配度略优于黄水镇。2006年开始两镇旅游扶贫与生态保护系统的耦合发展出现显著差异。其中，仙女山镇旅游扶贫与生态保护系统的耦合发展在经历了2005年短暂的"改善期"后即刻进入"磨合期"，其 α 值由2006年的45.8°一直上升到2014年的89.3°，2015~2016年两大系统的耦合度进一步上升到-89.6°（90.4°）和-88.7°（91.3°），α 介于90°~180°，其耦合发展已进入拮抗阶段。2005~2008年黄水镇旅游扶贫与生态保护系统的耦合发展都处于改善磨合阶段的"改善期"，2009~2016年则始终处于改善磨合阶段的"磨合期"，α 值的年际变化幅度较小。由此可见，2005~2016年仙女山镇旅游扶贫系统对生态保护系统产生的胁迫效应明显高于黄水镇，两大系统的矛盾与冲突也比黄水镇更加强烈突出。从统计资料来看，2005年以后仙女山镇由于旅游扶贫开发规模持续扩张，游客接待量至2016年高达2300万人次，随着旅游者的大量涌入，旅游生活污染物持续增量，据统计，至2016年生活污水排放量达到165万吨，生活垃圾清运量达到12 500吨。同期黄水镇的游客接待量为340万人次，生活污水排放量只有35.68万吨，生活垃圾清运量只有7200吨，大约分别相当于仙女山镇的1/7、1/5和1/2，与此同时，仙女山镇的人均公共绿地面积和空气质量优良天数率在下降，而同期黄水镇的人均公共绿地面积持续上升，空气质量优良天数率则呈现出先降后升的变化趋势，这些统计数据从一个侧面也证实了仙女山镇生态环境质量受到旅游扶贫的胁迫作用比黄水镇更强，生态环境退化更加明显。

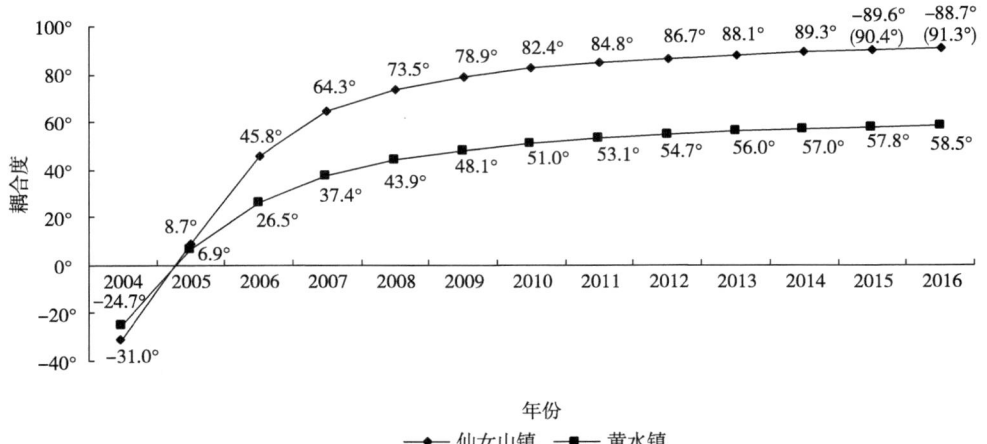

图8-11　2004~2016年仙女山镇/黄水镇旅游扶贫与生态保护系统耦合度对比图

第三节　兴隆镇/甲篆镇旅游扶贫与生态保护耦合态势评估

一、兴隆镇旅游扶贫与生态保护的耦合态势

（一）兴隆镇旅游扶贫与生态保护系统的综合评价指数

运用多因素综合评价模型计算得到 2006~2016 年兴隆镇旅游扶贫与生态保护系统的综合评价指数，见表 8-16。

表 8-16　兴隆镇旅游扶贫与生态保护系统的综合评价指数

系统	2006 年	2007 年	2008 年	2009 年	2010 年	2011 年
旅游扶贫	0.022	0.075	0.123	0.195	0.217	0.280
生态保护	0.095	0.108	0.119	0.165	0.183	0.197
系统	2012 年	2013 年	2014 年	2015 年	2016 年	
旅游扶贫	0.441	0.579	0.648	0.874	0.973	
生态保护	0.211	0.224	0.230	0.511	0.925	

根据表 8-16 和图 8-12 可以看出：奉节县兴隆镇旅游扶贫系统的综合评价指数呈逐步上升态势。2006~2009 年旅游扶贫系统的综合评价指数小，2007 年较 2006 年上升 2.4 倍；2008 年、2009 年分别较上一年上升了 50%以上。2010~2016 年旅游扶贫系统的综合评价指数仍然持续上升，但上升幅度介于 11%~58%，说明兴隆镇旅游扶贫系统在 2010 年前演化速度较快，其后的演化速度减缓且具有较明显的不稳定性。

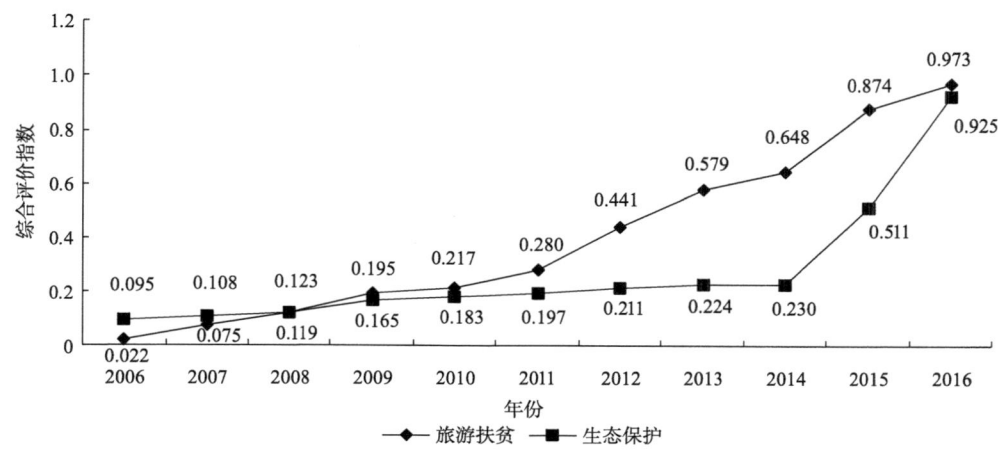

图 8-12　2006~2016 年兴隆镇旅游扶贫与生态保护系统综合评价指数变化态势

兴隆镇生态保护系统的综合评价指数呈现出明显的阶段性变化态势。2006~2008年为低速上升期，2007年、2008年分别较上一年上升了13.7%和10.2%。2009~2014年为缓慢上升期，2009年其上升幅度达到39%，其后至2014年的上升幅度均在2%~10%徘徊。2014年后进入高速增长期，上升幅度介于0.8~1.3倍。

旅游扶贫与生态保护系统的综合评价指数对比来看，2006~2007年生态保护系统的综合评价指数高于旅游扶贫系统，2008~2016年其综合评价指数则低于旅游扶贫系统，说明兴隆镇旅游扶贫系统在2008年的发展演进明显快于生态保护系统，其生态环境面临的压力日渐增强。

（二）兴隆镇旅游扶贫与生态保护系统的演化速度

经过SPSS 19.0 for Windows将兴隆镇旅游扶贫系统与生态保护系统的综合评价指数与时间进行拟合后得到的结果见表8-17、图8-13和图8-14。

表8-17 兴隆镇旅游扶贫与生态保护系统模型汇总与参数估计

系统	函数类型	模型汇总					参数估计			
		R^2	F	df1	df2	Sig.	常数	b1	b2	b3
旅游扶贫	线性	0.946	157.888	1	9	0.000	−0.171	0.096		
	对数	0.745	26.257	1	9	0.001	−0.198	0.378		
	倒数	0.454	7.481	1	9	0.023	0.626	−0.814		
	二次	0.992	489.960	2	8	0.000	0.025	0.005	0.008	
	三次	0.992	286.280	3	7	0.000	0.020	0.009	0.007	0.000 048
生态保护	线性	0.592	13.075	1	9	0.006	−0.070	0.057		
	对数	0.389	5.724	1	9	0.040	−0.056	0.204		
	倒数	0.202	2.278	1	9	0.165	0.381	−0.407		
	二次	0.820	18.265	2	8	0.001	0.257	−0.094	0.013	
	三次	0.951	45.231	3	7	0.000	−0.131	0.226	−0.051	0.004

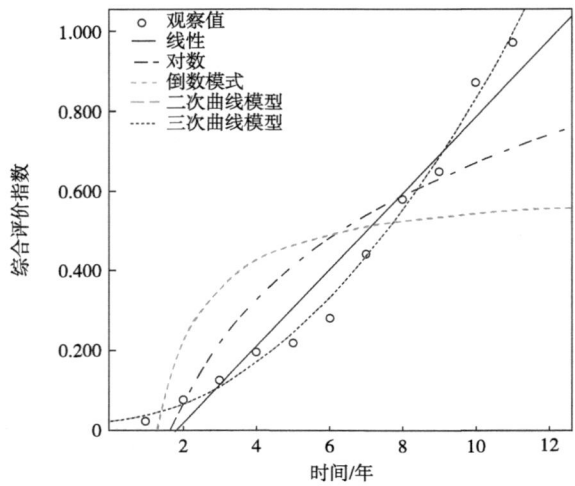

图 8-13　兴隆镇旅游扶贫系统曲线拟合图

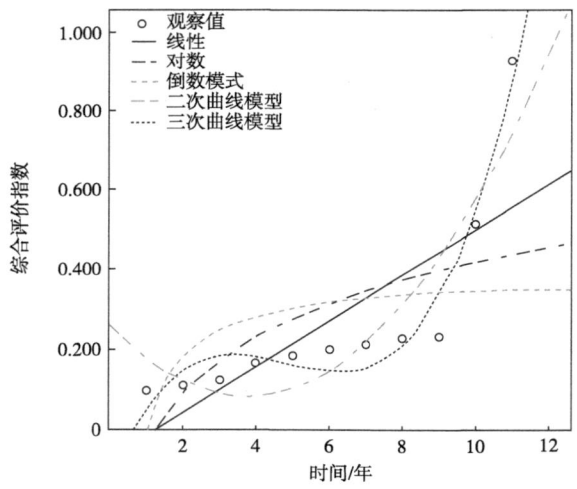

图 8-14　兴隆镇生态保护系统曲线拟合图

根据表 8-17 可知：兴隆镇旅游扶贫系统、生态保护系统与时间拟合的三次函数最好。因此，可以得到旅游扶贫系统、生态保护系统与时间拟合的曲线模型。

旅游扶贫系统：

$$A(t) = 0.020 + 0.009t + 0.007t^2 + 0.000\,048t^3, \quad t = 1, 2 \cdots, 11$$

生态保护系统：

$$B(t) = -0.131 + 0.226t - 0.051t^2 + 0.004t^3, \quad t = 1, 2, \cdots, 11$$

依据耦合态势模型可以得到如下公式。

旅游扶贫系统：

$$V_A = \frac{dA}{dt} = 0.009 + 0.014t + 0.000144t^2$$

生态保护系统：

$$V_B = \frac{dB}{dt} = 0.226 - 0.102t + 0.012t^2$$

其中，$t=1$ 为 2006 年，$t=2$ 为 2007 年，……，$t=11$ 为 2016 年。根据前述的计量模型我们可以得到兴隆镇旅游扶贫与生态保护系统的演化态势，以及两大系统耦合态势的计算结果（表 8-18）。

表 8-18 兴隆镇旅游扶贫与生态保护系统的演化速度与耦合度

系统	2006 年	2007 年	2008 年	2009 年	2010 年	2011 年
V_A	0.023	0.037	0.052	0.067	0.082	0.098
V_B	0.136	0.070	0.028	0.010	0.016	0.046
V_A/V_B	0.170	0.536	1.867	6.730	5.162	2.134
α (°)	9.6	28.2	61.8	81.5	79.0	64.8
系统	2012 年	2013 年	2014 年	2015 年	2016 年	
V_A	0.114	0.130	0.146	0.163	0.180	
V_B	0.100	0.178	0.280	0.406	0.556	
V_A/V_B	1.140	0.731	0.523	0.402	0.324	
α (°)	48.7	36.1	27.6	21.9	17.9	

注：V_A/V_B 值、α 值根据 V_A 和 V_B 的原始数据计算得出

从表 8-18 和图 8-15 可知：兴隆镇旅游扶贫系统的演化速度由 2006 年的 0.023 持续上升至 2016 年的 0.180，呈现出直线式渐进上升态势；而同期生态保护系统的演化速度由 2006 年的 0.136 逐渐降至 2009 年的 0.010 然后再逐渐上升至 2016 年的 0.556，演化曲线呈"U"形变化态势。与此同时，2006~2007 年兴隆镇生态保护系统的演化速度高于旅游扶贫系统，表明生态环境能够消纳旅游扶贫开发引发的环境压力，能够满足旅游扶贫开发对生态环境的要求。随着旅游扶贫开发的推进，旅游产业规模的扩大致使 2008~2012 年兴隆镇生态保护系统的演进速度低于旅游扶贫系统，说明旅游扶贫系统的发展演进快于生态保护系统，旅游扶贫系统对生态保护系统的胁迫效应开始显现。2009 年兴隆镇建立生活垃圾集中收运体系，使全镇的生活垃圾的有效处理率由过去的 0 提升至 78%，主要的环境污染源

得到一定程度的控制,生态环境有所改善。因此,2009 年生态保护系统的演化速度开始回升并一直持续到研究期末的 2016 年,尤其 2013~2016 年其生态保护系统的演化速度超过旅游扶贫系统,且差距越来越大,说明其生态保护系统的发展演进状态明显优于旅游扶贫系统,并对旅游扶贫系统的发展演进提供了必要的环境保障。这一结果主要取决于兴隆镇在生态环境保护方面采取的积极措施,如新建生活污水处理站,继续退耕还林、植树造林,使其生态环境得到一定程度的改善。

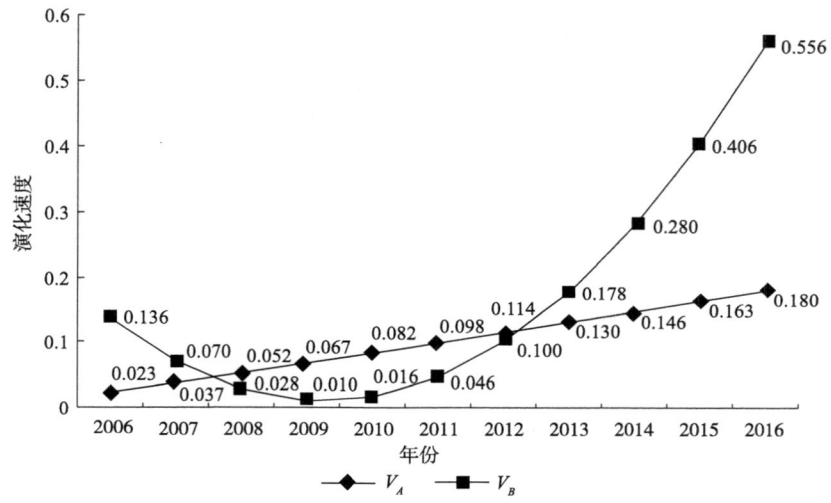

图 8-15 2006~2016 年兴隆镇旅游扶贫与生态保护系统演化速度变化态势

(三)兴隆镇旅游扶贫与生态保护系统耦合度的变化态势

从 2006~2016 年兴隆镇旅游扶贫与生态保护系统的耦合度变化态势来看,两大系统的耦合度由 2006 年的 9.6°持续上升至 2009 年的 81.5°后开始持续下降,最终降至 2016 年的 17.9°,其 α 值始终介于 0°~90°,呈现出明显的先升后降的倒"U"形变化态势,研究结果表明兴隆镇旅游扶贫与生态保护两大系统的耦合发展始终处于改善磨合阶段。其中,2006~2007 年两大系统的耦合度介于 0°~45°,且 $V_A < V_B$,说明两大系统的耦合发展处于改善磨合阶段的"改善期",旅游扶贫开发的规模较小,负面环境影响尚未显现出来,生态环境对旅游扶贫的支撑作用还比较明显。2008~2012 年两大系统的耦合度出现先升后降的现象,但始终介于 45°~90°,且 $V_A > V_B$,说明两大系统处于交互影响、相互制约的"磨合期",矛盾冲突加剧后又渐趋缓和。2013~2016 年两大系统的耦合度继续下降,并重新回到 0°~45°,且 $V_A < V_B$(图 8-15、图 8-16)。以上研究结果说明两大系统的矛盾冲突进一步缓和,

其耦合发展又从"磨合期"重新回归到"改善期",导致这一结果的主要原因在于旅游扶贫开发处于稳步推进状态,旅游产业规模扩张适度,对生态环境造成的负面影响不太明显。与此同时,兴隆镇在旅游扶贫开发的同时已采取必要措施治理旅游污染,努力控制旅游扶贫开发已经产生或未来可能产生的消极环境影响。

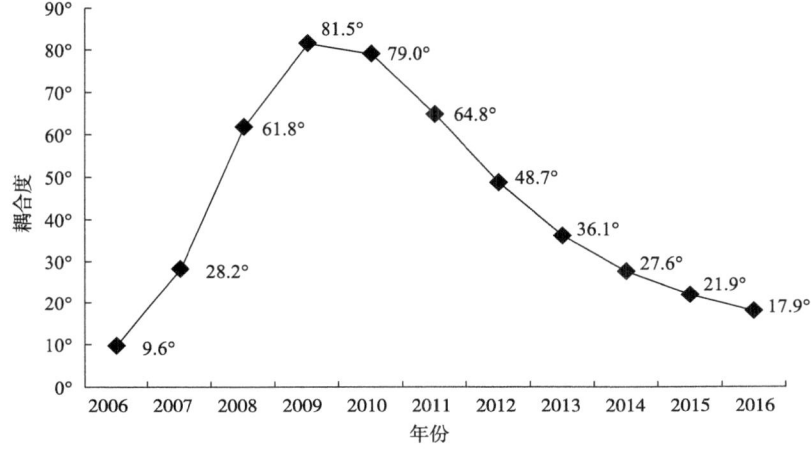

图 8-16　2006~2016 年兴隆镇旅游扶贫与生态保护系统耦合度变化态势

二、甲篆镇旅游扶贫与生态保护的耦合态势

(一)甲篆镇旅游扶贫与生态保护系统的综合评价指数

运用多因素综合评价模型计算得到 2006~2016 年甲篆镇旅游扶贫与生态保护系统的综合评价指数,见表 8-19。

表 8-19　甲篆镇旅游扶贫与生态保护系统的综合评价指数

系统	2006 年	2007 年	2008 年	2009 年	2010 年	2011 年
旅游扶贫	0.011	0.089	0.169	0.226	0.282	0.424
生态保护	0.108	0.109	0.124	0.146	0.154	0.176
系统	2012 年	2013 年	2014 年	2015 年	2016 年	
旅游扶贫	0.514	0.640	0.771	0.898	0.993	
生态保护	0.174	0.242	0.366	0.765	0.855	

根据表 8-19 和图 8-17 可以看出：巴马县甲篆镇旅游扶贫系统的综合评价指数总体呈稳步上升态势。其中，2006~2008 年旅游扶贫系统的综合评价指数小，但上升幅度大，2007 年较 2006 年上升了 7 倍；2008 年较 2007 年上升了 90%。2009~2016 年旅游扶贫系统的综合评价指数虽然在持续增大，但其上升幅度的下行趋势较为明显，说明旅游扶贫系统已进入缓长期。

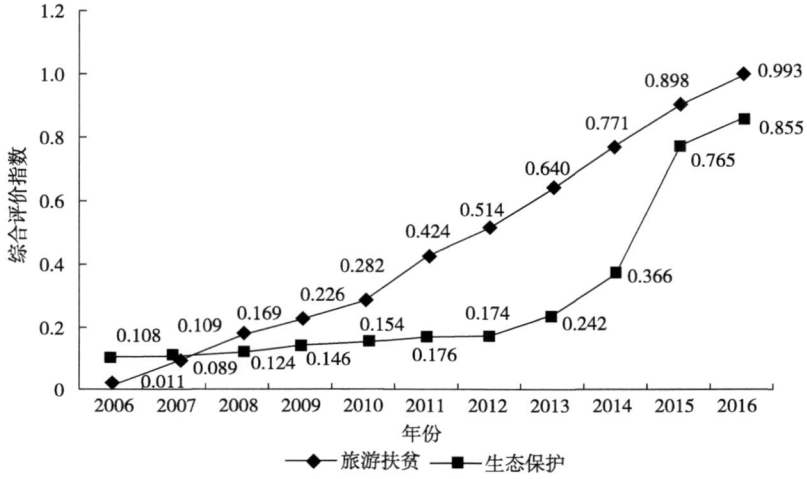

图 8-17　2006~2016 年甲篆镇旅游扶贫与生态保护系统综合评价指数变化态势

甲篆镇生态保护系统的综合评价指数总体也呈上升态势。2006~2009 年其综合评价指数缓慢上升，变化幅度介于 0.9%~17.7%。2010~2012 年其变化幅度由 5.5%上升至 14.3%再降至−1.1%，2012 年其综合评价指数甚至略低于 2011 年。2013~2015 年其综合评价指数进入快速上升期，上升幅度分别为 39.1%、51.2%和 109%。2016 年其上升幅度再次下降至 10%左右，生态保护系统再次进入缓长期。

从甲篆镇旅游扶贫与生态保护系统综合评价指数的对比来看，尽管两者总体上都处于上升状态，但差距仍然比较明显。其中，2006~2007 年其旅游扶贫系统的综合评价指数略低于生态保护系统，说明旅游扶贫系统的整体效率与质量弱于生态保护系统。2008~2016 年旅游扶贫系统的综合评价指数始终高于生态保护系统，说明随着甲篆镇旅游扶贫开发的快速推进，旅游产业规模不断扩大，旅游收入不断增多，旅游扶贫系统的整体效率与质量优于生态保护系统。

（二）甲篆镇旅游扶贫与生态保护系统的演化速度

经过 SPSS 19.0 for Windows 将甲篆镇旅游扶贫与生态保护系统的综合评价指数与时间进行拟合后得到的结果见表 8-20、图 8-18 和图 8-19。

表 8-20　甲篆镇旅游扶贫与生态保护系统模型汇总与参数估计

系统	函数类型	模型汇总					参数估计			
		R^2	F	df1	df2	Sig.	常数	$b1$	$b2$	$b3$
旅游扶贫	线性	0.985	576.514	1	9	0.000	−0.145	0.100		
	对数	0.825	42.559	1	9	0.000	−0.193	0.408		
	倒数	0.538	10.473	1	9	0.010	0.706	−0.909		
	二次	0.997	1.352×10^3	2	8	0.000	−0.040	0.052	0.004	
	三次	0.997	922.204	3	7	0.000	−0.010	0.027	0.009	0.000
生态保护	线性	0.681	19.185	1	9	0.002	−0.106	0.066		
	对数	0.437	6.987	1	9	0.027	−0.084	0.237		
	倒数	0.214	2.457	1	9	0.151	0.418	−0.458		
	二次	0.922	47.421	2	8	0.000	0.262	−0.103	0.014	
	三次	0.959	54.880	3	7	0.000	0.037	0.083	−0.023	0.002

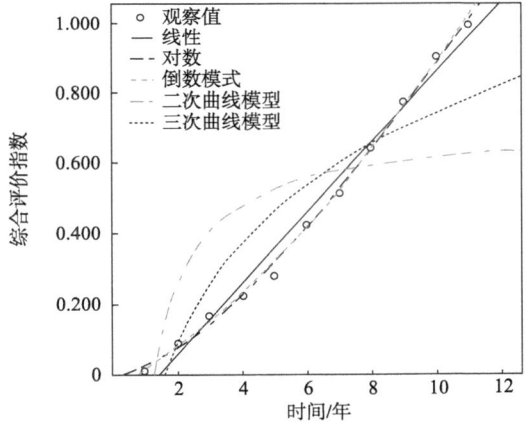

图 8-18　甲篆镇旅游扶贫系统曲线拟合图

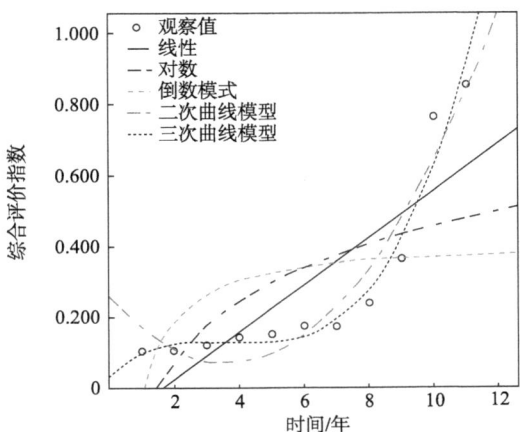

图 8-19　甲篆镇生态保护系统曲线拟合图

根据表 8-20、图 8-18 和图 8-19 可知，甲篆镇旅游扶贫系统与时间拟合得到的二次曲线模型和三次曲线模型可决系数相同，说明拟合程度一致。其中，三次曲线模型的三次项系数为 0，其本质仍是二次曲线模型；为与后续的拟合分析方法保持统一，我们认为旅游扶贫系统仍遵循三次项系数为 0 的三次曲线模型。生态保护系统与时间拟合的三次函数最好。因此，可以得到旅游扶贫系统和生态保护系统与时间拟合的曲线模型。

旅游扶贫系统：

$$A(t) = -0.010 + 0.027t + 0.009t^2 + 0.000t^3, \quad t = 1, 2, \cdots, 11$$

生态保护系统：

$$B(t) = 0.037 + 0.083t - 0.023t^2 + 0.002t^3, \quad t = 1, 2, \cdots, 11$$

依据耦合态势模型可以得到如下公式。

旅游扶贫系统：

$$V_A = \frac{\mathrm{d}A}{\mathrm{d}t} = 0.027 + 0.018t + 0.000t^2$$

生态保护系统：

$$V_B = \frac{\mathrm{d}B}{\mathrm{d}t} = 0.083 - 0.046t + 0.006t^2$$

其中，$t=1$ 为 2006 年，$t=2$ 为 2007 年，……，$t=11$ 为 2016 年。根据前述的计量模型我们可以得到甲篆镇旅游扶贫与生态保护系统的演化态势，以及两大系统耦合态势的计算结果（表 8-21）。

表 8-21　甲篆镇旅游扶贫与生态保护系统的演化速度与耦合度

指数	2006 年	2007 年	2008 年	2009 年	2010 年	2011 年
V_A	0.045	0.063	0.081	0.099	0.117	0.135
V_B	0.043	0.015	−0.001	−0.005	0.003	0.023
V_A/V_B	1.046	4.200	−80.999	−19.800	38.999	5.869
α (°)	46.3	76.6	−89.2	−87.1	88.5	80.3
指数	2012 年	2013 年	2014 年	2015 年	2016 年	
V_A	0.153	0.171	0.189	0.207	0.225	
V_B	0.055	0.099	0.155	0.223	0.303	
V_A/V_B	2.781	1.727	1.219	0.928	0.742	
α (°)	70.2	59.9	50.6	42.8	36.5	

注：V_A/V_B 值、α 值根据 V_A 和 V_B 的原始数据计算得出

从表 8-21 和图 8-20 可知：甲篆镇旅游扶贫系统的演化速度由 2006 年的 0.045

上升至 2016 年的 0.225，且始终保持持续上升态势；生态保护系统的演化速度由 2006 年的 0.043 逐年下降至 2009 年的-0.005 后再逐年回升至 2016 年的 0.303，呈现出先降后升的"U"形变化态势。其中，2006~2014 年甲篆镇旅游扶贫系统的演化速度一直高于生态保护系统，说明甲篆镇的旅游扶贫开发系统的发展演进优于生态保护系统的发展演化。随着甲篆镇在旅游扶贫开发的同时，实施旅游污染治理政策和工程措施，旅游污染得到一定程度的控制与治理，生态环境状态有所改善，2015~2016 年甲篆镇生态保护系统的演化速度超过了旅游扶贫系统，为旅游扶贫开发的继续推进提供了良好的环境保障条件。

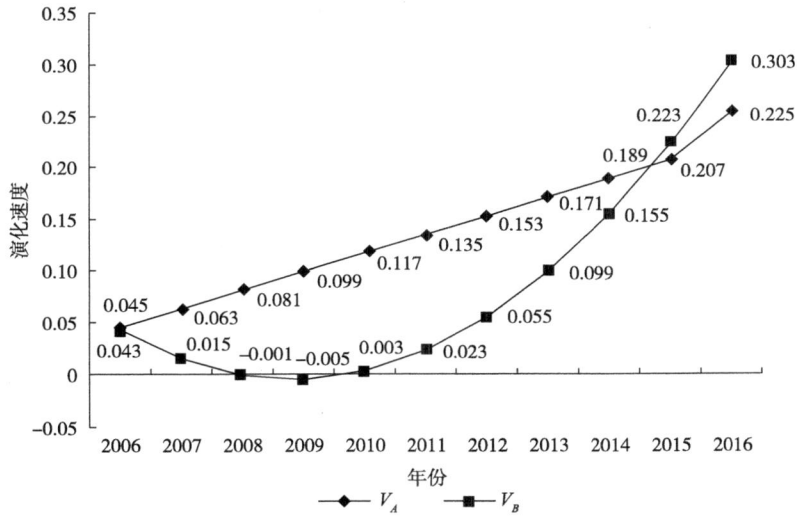

图 8-20 2006~2016 年甲篆镇旅游扶贫与生态保护系统演化速度变化态势

（三）甲篆镇旅游扶贫与生态保护系统耦合度的变化态势

从甲篆镇旅游扶贫与生态保护系统的耦合度变化态势来看，两大系统的耦合发展依次从改善磨合阶段的"磨合期"进入拮抗阶段再回归到改善磨合阶段（图 8-21），呈现出倒"U"形变化态势。其中 2006~2007 年甲篆镇旅游扶贫与生态保护两大系统的耦合度由 46.3°上升至 76.6°，介于 45°~90°，且 $V_A > V_B$，其耦合发展处于改善磨合阶段的"磨合期"，说明旅游扶贫系统对生态环境的胁迫效应已经产生，生态保护系统对旅游扶贫的约束限制效应也已显现出来，两大系统处于交互影响、相互制约的磨合状态。2008~2009 年甲篆镇两大系统的耦合度进一步上升至-89.2°（90.8°）和-87.1°（92.9°），介于 90°~180°，V_A 仍然大于 V_B，其耦合发展进入拮抗阶段，说明旅游扶贫开发的快速推进对生态环境的冲击进一步加强，其负面环境影响更加明显，与此同时，生态环境的退化对旅游扶贫开发的约束限制也进一步加强，两大系统的矛盾冲突已经达到十分尖锐的程度。

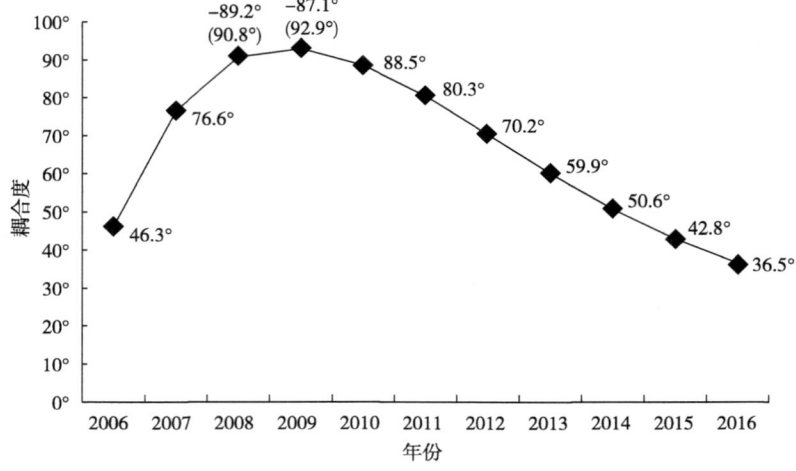

图 8-21　2006~2016 年甲篆镇旅游扶贫与生态保护系统耦合度变化态势

随着甲篆镇采取措施整治旅游污染，生态环境有所改善，两大系统的耦合度由 2010 年的 88.5°逐年下降至 2016 年的 36.5°，其耦合发展重新回到改善磨合阶段。其中，2010~2014 年其耦合度介于 45°~90°，且 $V_A > V_B$，其耦合发展处于改善磨合阶段的"磨合期"，尽管两大系统的矛盾冲突较前一阶段有所缓和，但旅游扶贫开发对生态环境造成的压力与胁迫效应依然存在，生态环境对旅游扶贫开发的约束限制作用还比较明显，两大系统仍在相互制约、交互影响。2015~2016 年两大系统的耦合度降至 42.8°和 36.5°，介于 0°~45°，且 $V_A < V_B$，其耦合发展进入了改善磨合阶段的"改善期"，说明两大系统的矛盾冲突进一步缓和，生态环境治理效果比较明显，对旅游扶贫的约束限制弱化，再次为旅游扶贫开发提供了必要的环境保障。

三、兴隆镇/甲篆镇旅游扶贫与生态保护耦合态势比较

（一）旅游扶贫与生态保护系统的演化速度比较

从兴隆镇、甲篆镇旅游扶贫系统的演化速度来看，2006~2016 年甲篆镇旅游扶贫系统的演化速度始终高于兴隆镇（表 8-22），说明甲篆镇旅游扶贫开发的推进速度快于兴隆镇，旅游扶贫开发形成的旅游产业规模也大于兴隆镇，系统的整体效率与质量优于兴隆镇。从相关统计数据来看，2006~2016 年甲篆镇旅游者人数由 8.1 万人次增加到 200.1 万人次，其中每年有数万人在甲篆镇长住 1~3 个月

养生度假，旅游综合收入由 0.12 亿元增加到 22.48 亿元，旅游脱贫人数达到 2459 人。同期兴隆镇的旅游者人数由 18.2 万人次增加到 112.5 万人次，旅游综合收入由 0.32 亿元增加到 4 亿元，旅游脱贫人数 2358 人（表 8-3），两者的差距明显。

表 8-22 兴隆镇/甲篆镇旅游扶贫与生态保护系统演化速度对照表

指数		2006 年	2007 年	2008 年	2009 年	2010 年	2011 年
V_A	兴隆镇	0.023	0.037	0.052	0.067	0.082	0.098
	甲篆镇	0.045	0.063	0.081	0.099	0.117	0.135
V_B	兴隆镇	0.136	0.070	0.028	0.010	0.016	0.046
	甲篆镇	0.043	0.015	−0.001	−0.005	0.003	0.023
指数		2012 年	2013 年	2014 年	2015 年	2016 年	
V_A	兴隆镇	0.114	0.130	0.146	0.163	0.180	
	甲篆镇	0.153	0.171	0.189	0.207	0.225	
V_B	兴隆镇	0.100	0.178	0.280	0.406	0.556	
	甲篆镇	0.055	0.099	0.155	0.223	0.303	

从两镇生态保护系统的演化速度来看，兴隆镇和甲篆镇的演化曲线均呈 "U" 形，甲篆镇生态保护系统的演化速度始终低于兴隆镇（表 8-22），说明甲篆镇生态保护系统的发展演进状态不如兴隆镇，系统的整体效率与质量也弱于兴隆镇。从相关统计数据来看，2006~2016 年甲篆镇的生活污水排放量由 0.82 万吨增加到 30.25 万吨，生活垃圾清运量由 3205 吨增加到 5894 吨（重点覆盖村屯的垃圾收运量），生活废气排放量由 267 万标方增至 2842 万标方，人均公共绿地面积由 5.01 平方米增至 9.79 平方米，生活垃圾处理率达到 71%。而同期兴隆镇的生活污水排放量由 5.8 万吨增至 15.7 万吨，生活垃圾清运量由 4217 吨增至 10 950 吨（实现城乡垃圾收运全覆盖），生活废气排放量由 1240 万标方增至 1697 万标方，人均公共绿地面积由 22 平方米增至 55 平方米，生活垃圾处理率达到 100%（表 8-4）。由此不难发现甲篆镇同期面临的生态环境压力逐渐超过了兴隆镇，部分生态环境要素的改善状态又不及兴隆镇，从而导致甲篆镇生态保护系统的演化状态整体弱于兴隆镇。

（二）旅游扶贫与生态保护系统的耦合发展态势比较

从兴隆镇、甲篆镇旅游扶贫与生态保护系统的耦合发展态势来看，兴隆镇经历了从低水平协调到改善磨合再回到低水平协调阶段的耦合发展过程，而甲篆镇则经历了从改善磨合进入拮抗再回到改善磨合阶段的耦合发展过程（图 8-22）。结合两镇旅游扶贫与生态保护系统的演化速度的变化态势，我们不难发现：甲篆镇旅游扶贫开发的推进速度、旅游服务设施数量、旅游接待人次（每年长住甲篆的康养度假者多达数万人）均明显高于兴隆镇；同时，甲篆镇由旅游扶贫开发快速推进引起的生态环境压力（如生活污水、生活垃圾、生活废气等）也高于兴隆镇。因此，甲篆镇旅游扶贫系统对生态保护系统的胁迫作用明显强于兴隆镇，生态保护系统对旅游扶贫系统的约束限制作用也明显强于兴隆镇，其旅游扶贫与生态保护系统之间的矛盾冲突也比兴隆镇更为突出尖锐。

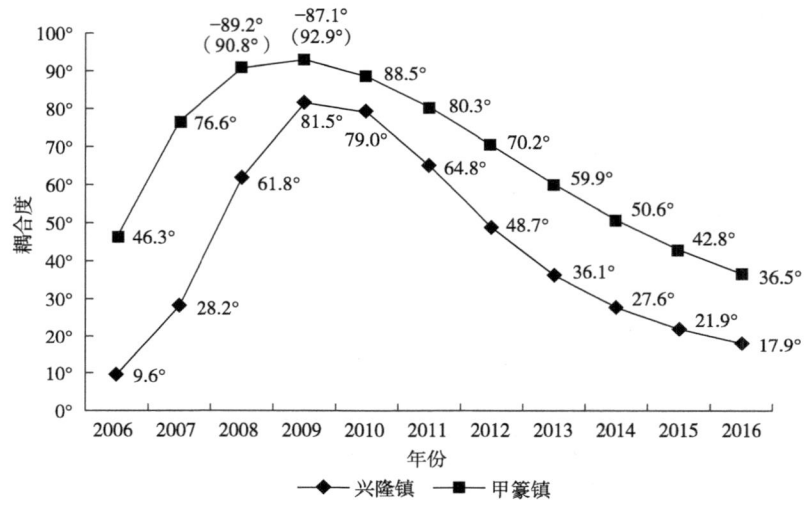

图 8-22　2006~2016 年兴隆镇/甲篆镇旅游扶贫与生态保护系统耦合度对比图

第四节　连片特困地区旅游扶贫与生态保护耦合发展的影响因子

从依托知名景区重点开发旅游度假地产的旅游扶贫样本区武隆仙女山镇、石柱黄水镇和依托知名景区重点发展农家旅馆（农家乐）的旅游扶贫样本区奉节兴隆镇、巴马甲篆镇旅游扶贫与生态保护系统的演化速度与耦合发展态势的实证研究结果来看，尽管实证研究区域旅游扶贫与生态保护系统的演化速度与耦合发展态势各有特点，但导致旅游扶贫与生态保护两大系统矛盾冲突激化，难以实现优良态耦合发展的原因却具有明显的共性。

（一）旅游扶贫开发强度和旅游设施规模

旅游扶贫开发强度与旅游产业发展规模大小是影响旅游扶贫与生态保护系统实现优良态耦合发展的关键因素。首先，我们来对比分析依托知名景区重点开发旅游度假地产的研究样本区武隆仙女山镇和石柱黄水镇的相关情况。仙女山镇旅游扶贫开发始于 20 世纪 90 年代中期，由于拥有仙女山、天生三桥、龙水峡地缝等国家级乃至世界级的旅游资源，仙女山镇致力于打造国家级旅游度假区和国际知名旅游胜地，在旅游扶贫开发过程中，精品景区建设和旅游度假地产开发并重，迅速形成高品质旅游度假地产和游客容量庞大的仙女山、天生三桥、龙水峡地缝等国内国际知名的 AAAAA 级旅游景区相互呼应的发展格局，除纳凉度假者外，休闲观光旅游者是其主体市场。2004~2016 年仙女山场镇常住人口由不足 300 人增至 3 万人，住宿设施床位量增加 1.6 倍，餐位量增加 1.8 倍，旅游者人数由 150 万人次增至 2300 万人次（表 8-1），度假高峰时段场镇人口超过 15 万人。黄水镇旅游扶贫开发晚于仙女山镇，起步于 21 世纪初期；由于旅游本底资源相对逊色，因此，黄水镇以打造"生态休闲、纳凉度假"旅游地为目标，以度假地产开发为主，以旅游景区开发、乡村旅游为辅，其主体市场是夏季纳凉度假者，建成大风堡 1 个 AAAA 级和毕兹卡绿宫、黄水药用植物园 2 个 AAA 级旅游景区，住宿设施床位量增加 28 倍，餐位量增加 151.7 倍。尽管近年来夏季度假高峰期黄水镇的度假者也在 10 万人左右，但其旅游接待规模远远低于仙女山镇，2004 年其旅游者人数仅 5 万人次，相当于仙女山镇的 1/30，2016 年其旅游者人数也才 340 万人次，仅相当于仙女山镇的 1/6 左右（表 8-1）。

其次，我们从依托知名景区重点发展农家旅馆（农家乐）的旅游扶贫样本区奉节兴隆镇和巴马甲篆镇的对比分析来看，甲篆镇尽管在 20 世纪 90 年代中期就有零星游客慕名前来参观游览，但大规模的旅游扶贫开发始于 2006 年左右，其前期的旅游扶贫开发多处于自发状态，无序性较为明显，受利益驱使，旅游扶贫开发的推进速度比较快，旅游设施与游客接待规模迅速扩大，2006~2016 年住宿设施床位量增加 8 倍，餐位量增加 7 倍，2006 年其旅游者人数不及兴隆镇的 1/2，但到 2016 年其旅游者人数几乎是兴隆镇的 2 倍（表 8-3）。其长住游客的聚集点如甲篆场镇、坡月村、坡纳屯等均是在区区数百人的基础上迅速扩建成可以容纳上万人甚至数万人的农家旅馆（农家乐）聚集区。兴隆镇的旅游扶贫开发起步虽然更早，但前期主要依托天坑地缝发展旅游，最近几年才开始依托知名景区的辐射带动效应大力发展乡村民宿、农家乐等接待设施，通过乡村旅游来实现旅游扶贫目标，其旅游扶贫开发推进速度、旅游接待规模低于甲篆镇，其住宿设施床位量虽然增加 9.7 倍，但到 2016 年其总量仅相当于甲篆镇的 1/2，餐位量增加 6.4 倍，其总量也只只相当于甲篆镇的 72%，其旅游者人数在 2006 年是甲篆镇的 2 倍，但到 2016 年仅相当于甲篆镇的 1/2（表 8-3）。

由于旅游扶贫开发的推进速度、旅游设施规模、旅游接待人数不同，研究样本区所面临的生态环境压力也不一样。据统计，2004~2016 年仙女山镇生活污水排放量增加 1030 倍，生活垃圾清运量增加 3.2 倍，生活废气排放量增加 35%；黄水镇的生活污水排放量增加 11.7 倍，生活垃圾清运量增加 5 倍，生活废气排放量增加 5.7 倍（表 8-2）。2006~2016 年甲篆镇的生活污水排放量增加 35.9 倍，生活垃圾清运量增加 84%（只涉及重点覆盖村屯），生活废气排放量增加 9.6 倍；兴隆镇的生活污水排放量增加 1.7 倍，生活垃圾清运量增加 1.6 倍，生活废气排放量增加 37%（表 8-4）。

由上述分析可知，仙女山镇旅游扶贫开发的强度与旅游产业规模在四个研究样本区是最大的，其面临的生态环境压力最为突出，其旅游扶贫与生态保护系统的冲突矛盾也最为尖锐激烈，两大系统耦合协调程度也是最差的。黄水镇虽然在个别指标上超过了仙女山镇等研究区域，但旅游扶贫开发推进速度与旅游接待规模都不及仙女山镇，面临的生态环境压力也小一些，其旅游扶贫与生态保护系统的冲突矛盾也日渐明显，但仍比仙女山镇弱，两大系统的耦合协调程度优于仙女山镇。甲篆镇旅游接待规模不及仙女山镇和黄水镇，但其前期旅游扶贫开发推进速度快，设施数量迅速增加，接待规模迅速扩大，也使其旅游扶贫与生态保护两大系统的冲突矛盾迅速显现并趋向白热化，耦合协调程度甚至不及黄水镇，后期由于生态保护措施的运用，其生态环境有所改善，且产业规模逐渐落后于黄水镇，其两大系统的冲突矛盾得到缓和，耦合协调程度逐渐优于黄水镇。兴隆镇的旅游扶贫开发是四个研究样本区内最为稳妥的，其旅游设施、接待规模和面临的环境压力也是最小的，因此，两大系统的矛盾冲突也相对较弱，耦合协调程度最高。

（二）旅游扶贫开发路径

旅游扶贫开发路径不仅决定着旅游扶贫的成效高低，也是影响旅游扶贫与生态保护系统能否实现优良态耦合发展的重要因素。仙女山镇、黄水镇都是依托知名景区重点开发旅游度假地产、打造旅游度假小镇的典型代表，但仙女山镇前期主要是凭借世界级旅游资源引进外来资本开发旅游景区，待旅游景区相对成熟后由县政府出资回购旅游景区开发经营权，仙女山镇迅速形成了数个在国内外都有影响力的知名旅游景区；后期在此基础上重点开发旅游度假地产，建设旅游度假小镇，其接待设施主要集中在旅游景区或场镇上，旅游扶贫开发的压力相对集中于场镇和景区。黄水镇前期在引进社会资本开发旅游景区的同时，积极鼓励和支持当地居民在通往黄水镇的公路沿线或场镇上兴建家庭旅馆和农家乐等接待设施，发展乡村旅游；后期则依托相对成熟的旅游市场重点开发旅游度假地产，打造纳凉度假小镇,其旅游设施分布范围广,旅游扶贫开发所产生的环境压力被分散。甲篆镇、兴隆镇则是依托知名景区重点发展农家旅馆(农家乐)的典型代表,甲篆镇主要在知名旅游景区周边的居民聚居点自发兴建家庭旅馆(农家乐)等接待设施,满足长住型康养度假旅游者的需要,其接待设施规模扩张快,且相对集中在少数几个聚居点。兴隆镇则是利用其夏季凉爽的气候条件和知名景区的带动效应全面推进乡村特色民宿和农家乐等接待设施的建设,并分散布局在各具特色的乡村旅游片区,且每个片区的接待设施数量不多,其旅游扶贫开发对生态环境造成的压力也最小,这也是决定兴隆镇旅游扶贫与生态保护系统耦合协调程度优于其他样本区的重要原因之一。

(三)生态环境保护工程建设

生态环境保护工程建设滞后是制约旅游扶贫与生态保护系统实现优良态耦合发展的重要原因。连片特困地区在旅游扶贫开发过程中尽管意识到了生态环境对旅游扶贫开发、发展旅游产业的重要性,但其经济落后、财力单薄,对生态环境保护工程建设常常是心有余而力不足,生态保护工程规划建设严重滞后于旅游扶贫开发和旅游产业发展的现象相当普遍。仙女山镇旅游扶贫始于 20 世纪 90 年代中期,到 2007 年游客接待量 850 万人次,却没有污水处理厂和垃圾收运设施,其生活污水处理率和垃圾处理率均为零,每年有上万吨生活污水和数千吨生活垃圾得不到处理。即使在 2008 年建成了污水处理厂,并安排了垃圾收运设施,也不能完全满足污染物持续增量的处理需求,2016 年生活污水处理率仍只有 98%,生活垃圾处理率只有 95%,每年仍有近 3 万吨生活污水和上千吨生活垃圾不能得到有效处理。加之工程建设的影响,场镇人口急增,仙女山镇的人均公共绿地面积由 2004 年的 300 平方米减至 2016 年的 100 平方米,空气质量优良天数率由 2004 年的 98%降至 2016 年的 90%。黄水镇在 2008 年前仅有 1 台垃圾收运设施,也没有污水处理厂,每年有 3 万余吨生活污水和千余吨生活垃圾得不到处理。2008 年污水处理厂建成后,生活污水处理率直到 2014 年才达到 92%,每年仍有近 3 万生活污水没有处理。甲篆镇在 2014 年以前每年有数千吨生活垃圾未得到有效处理,散落于田野乡间,2015 年以前每年有数万吨甚至二十余万吨生活污水未经处理直接排入盘阳河等水体中。即使 2014 年实现盘阳流域重点村屯的生活垃圾集中收运全覆盖,收运处理率也只有 70%左右,其他村屯的生活垃圾也处于未处理状态。2015 年建成甲篆、坡月和坡纳污水处理设施并投入使用,但生活污水处理率也只有 75%,每年仍然有千余吨生活垃圾和数万吨生活污水未能得到有效处理而成为环境污染源。兴隆镇直到 2016 年 2 月才在卡麂坪传统民居聚集区建成 EIC-MBR 一体化组合式污水处理系统,而兴隆场镇的污水处理厂直到 2016 年底仍在建设之中,每年有十余万吨生活污水处于直排状态。

从连片特困地区的其他旅游扶贫开发区来看,情况也是如此。譬如重庆市黔江区城区预计到 2020 年才能全部完成城区污水管网建设任务,实现城区生活污水处理率达到 95%,乡镇污水处理率达到 80% 的目标。湖北省利川市谋道镇也是近年来迅速崛起的旅游扶贫名镇,依托苏马荡森林公园大力发展纳凉度假旅游产业,2010 年以来先后开发了 60 余个度假地产项目,开发总量超过 400 万平方米,夏季度假高峰时段,场镇集聚的度假者超过 10 万人/天,而该镇 2014 年才开始筹建污水处理厂,到 2016 年该工程仍在建设之中,度假区的生活污水基本上处于直排状态。地处乌蒙山区的贵州省遵义市中心城区及县城到 2015 年才全部建成污水处理厂,污水集中处理率为 89.9%。已建成的 36 座乡镇污水处理厂也存在着管网建设滞后、污水纯净度不够、不能实现达标排放等状况。除遵义市外的 12 县(市)城区生活垃圾卫生填埋工程仅可满足县城及部分乡镇生活垃圾的简单处理,与无害化处理有较大差距,绝大多数乡镇的生活垃圾收运与处理仍是空白。但近年来遵义市的旅游发展速度快,旅游业规模迅速扩大,2015 年遵义市旅游住宿设施床位达到 13.8 万张,接待游客 6221.9 万人次。由此可见,生态环境保护工程建设滞后且不能完全满足污染物持续增量的处理需要在一定程度上加剧了旅游扶贫开发区生态环境的退化。

(四)游客接待量

游客接待量大是导致旅游扶贫与生态保护两大系统难以实现优良态耦合发展的又一刺激因素。据统计,2004 年仙女山镇的游客接待量为 150 万人次,而黄水镇只有 5 万人次,仙女山镇相当于黄水镇的 30 倍;2016 年仙女山镇的游客接待量达到 2300 万人次,而黄水镇只有 340 万人次,仙女山镇仍比黄水镇多 5.76 倍。甲篆镇 2006 年的游客接待量仅相当于兴隆镇的 1/2,但到 2016 年其游客接待量相当于兴隆镇的 2 倍左右。由此可见,游客接待规模大也是导致仙女山镇旅游扶贫与生态保护两大系统的耦合协调程度弱于黄水镇,甲篆镇两大系统的耦合协调程度弱于兴隆镇的重要原因之一。

第九章　国际旅游扶贫与生态保护耦合协调发展案例剖析

本章重点分析了对连片特困地区具有借鉴参考价值的贫困人口众多的印度和南非两个国家在促进旅游扶贫与生态保护耦合协调发展的典型举措及其成效。

第一节　印度的旅游扶贫与生态保护

一、印度的旅游扶贫

印度既是南亚次大陆最大的国家,也是人口排名世界第二的发展中国家之一。20世纪90年代以来,印度经济发展加速,成为当今世界发展最快的国家之一。但是由于长期实行的种姓制度,体制上的安排和快速的城市化及种族宗教冲突,印度也成为世界上贫富差距特别突出和贫困现象十分严重的国家。相关统计结果显示,至2014年印度至少有1/3的人口生活在印度确定的最新贫困线以下(农村最低生活费32卢比/日,城市最低生活费47卢比/日)。在印度经济高速增长的同时,减贫速度趋缓[105]。

与此同时,印度作为世界四大文明古国之一,拥有丰富的文化遗产和旅游资源,如丰富多彩的沙漠资源,郁郁葱葱的热带雨林,四大宗教(印度教、佛教、耆那教和锡克教),绵延千里的原始海滩和各种各样异国情调的岛屿,充满神话与传说的河流,泰姬陵、阿姆利则金庙、耆那教的阿布山寺庙、科纳拉克太阳神庙等奇特建筑;主要旅游点有阿格拉、德里、斋浦尔、昌迪加尔、那烂陀、迈索尔、果阿、泰姬陵、海得拉巴、特里凡得琅等。旅游业已成为印度重点发展的产业,为该国提供2000多万个就业岗位,国际旅游者由2010年的577.6万人次增至2014

年的 770.3 万人次,国际旅游收入从 200.42 亿美元增至 271.91 亿美元[106]。由于旅游业是劳动密集型的服务性产业,能为大量的受教育程度较低、技术能力较弱的贫困人群,尤其是妇女创造大量的就业机会,有助于贫困人口通过参与旅游服务、从事旅游经营活动减贫脱贫。因此,旅游扶贫逐渐引起印度政府的重视,先后采取了以下措施促进旅游扶贫:①制定旅游业 2025 行动计划,明确旅游业发展的"10C"目标,促进国家快速脱贫。树立信念(commitment),即坚信旅游业能减轻印度的失业现象和减少贫困;加强协作(coordinate),即加强部门之间、政府和私人机构之间、中央与各邦政府之间的合作,确保旅游规划与政策能达到预期效果;促进交流(communication),即涉旅部门形成自由便捷的信息沟通渠道;便捷异地结算窗口(clearances);保证旅游政策和项目的持续性(continuity);发展民用航空(civil aviation),确保 90%的游客都能通过乘坐飞机来到印度;利益让渡(concession),即减轻或减免部分旅游税收,与游客相关的产品和服务的税率最高不超过 5%;环境整洁(cleanliness);制定应急预案(contingency plans),预防安全事故发生;鼓励社区参与(community involvement),争取社区居民的支持与合作,全面挖掘旅游潜力,实现预期脱贫目标[107]。②大力发展交通运输业,消除旅游发展瓶颈;大力发展航空业,增加国际航班数量,改善航空服务质量;改善陆路交通条件,加强内河航道建设,消除制约旅游业发展的交通瓶颈。③构建包容性旅游扶贫模式(即公共-私人-合作伙伴模式,public-private-partnership model)。非政府组织协助服务性企业,构建协同伙伴关系,帮助社区发展旅游;社区通过出让土地参与管理,项目公司通过资产项目增加就业或授权促进社区旅游发展;非政府组织的知识库或智囊团为提供相关专业化的决策和行动提供咨询,知识银行为非政府组织或承担企业提供构建社会资本项目机会。

二、印度的生态保护

(一)宗教传统对生态环境保护影响深远

印度是世界文明古国之一,宗教氛围浓烈,先后孕育形成了婆罗门教、佛教、印度教等影响甚大的宗教。其中,婆罗门教就是源于人类对自然的崇拜,佛教的"依正不二"思想集中表达了人与自然的和谐关系,其慈悲教义表达了人类对自然和其他生物的友爱与救护态度,并将掠夺和破坏自然的行为视为狭隘愚妄之举。印度教的伦理沉思蕴含着浓厚的自然意识,人类与其他生命均被视为自然的一个有机组成部分,印度教法被视为永恒不变的自然法则,是自然秩序在人类社会中的反映。树、河流等都成了印度教徒的崇拜对象。耆那教的素食制度与饮食规范的影响甚大,目前印度近半数人口吃素,且很少有人饮酒、抽烟,大多生活非常俭朴，这限制了对动植物的过度利用，对保护生态环境发挥了一定作用。

（二）生态保护法律机制日趋健全

英国的殖民统治破坏了印度教法赖以实施的社会经济基础，村社制度瓦解，森林被大规模砍伐，生态环境遭到破坏。印度独立后，因人口增长而毁林开荒，森林资源继续减少。现代工业的发展对生态环境造成了更大的压力，生态环境趋于恶化。20 世纪 70 年代，印度建立环境政策、环境立法、环境执法和环境司法协同推进的环境保护法律机制，生态保护取得了一定成效。首先，逐步形成环境保护、经济发展和贫困缓解三位一体的多目标协同实现，兼顾各方利益的组合性环境政策。如 1993 年的《环境行动计划》就将保护生物多样性、确保洁净水源、减少有害废弃物、促进使用绿色技术、解决城市环境问题、强化对环境问题的科学理解和开发替代能源等确定为优先解决的环境问题。其次，建立以宪法规定为基石，以《环境保护法》为基本法，以众多专门法规为支撑，以法律实施细则和环境标准体系为内容的环境立法体系。再次，确立由森林环境部牵头，由环境相关部委如农业部、矿山部、水资源部和电力部等共同组成，由中央公害管理委员会、各邦环境局、公害管理委员会进行实际管理的环境执法体系。最后，环境司法对环境行政发挥监督职能，如果因行政机构的失职、疏忽和在强制执行方面不作为而导致环境侵害和污染持续，可动用民事救济手段来减少污染，如环境公益诉讼。

从印度的生态环境保护法律实践来看，该机制基本起到了控制环境污染、保护环境与资源的作用。

第二节 南非的旅游扶贫与生态保护

一、南非的旅游扶贫

南非作为非洲的第二大经济体，位于非洲大陆最南端，东、西、南三面濒临印度洋和大西洋，北与纳米比亚、博茨瓦纳、津巴布韦、莫桑比克和斯威士兰接壤。2015 年人口约 5500 万人，国土面积 122 万平方千米，南非有其独特的区位优势，地处印度洋与大西洋的航运要冲，好望角航线被誉为"西方海上生命线"。

南非拥有黄金、铂金、锰、钒、铬、硅、铝酸盐等矿物资源，其储量均居世界第一，深井采矿等技术世界领先，黄金、钻石生产量均居世界首位。其通信、能源、交通业发达，拥有完善的基础设施和股票交易市场。矿业、制造业、农业和服务业成为其四大支柱产业，南非经济总量在非洲已居第二位，已成为中等收入的发展中国家。但是由于南非长期实行"种族隔离"制度，黑白二元经济特征明显，贫富差距极其悬殊。尽管南非政府2003年以来把近60%的政府支出都投入到社会福利中，但2013年该国的贫困人口数几乎占总人口数5200万的47%[108]。与此同时，南非又被誉为"彩虹之国"，旅游吸引物主要有开普敦、德班、约翰内斯堡等大中型城市景观，以及博物馆、古堡、古街道等历史遗存和好望角、桌山、克鲁格国家公园等自然景观。南非10%的国土被划成了420余个自然保护区，南非在全世界也是最高水准的生物多样性地区之一。南非地处南半球，各地气候条件相对一致，与处在北半球的巨大客源市场流量形成季节性互补，潜在市场巨大。南非政府高度重视旅游业的发展，将旅游业视为国家创造就业机会、增加外汇收入的首要产业。旅游业迅速成为南非所有行业中发展速度最快的行业，探险旅游、生态旅游、民俗旅游和文化旅游发展比较充分。据统计，2015年南非的入境旅游者达890.4万人次，入境旅游收入82.35亿美元；国内游客9980万人次，国内旅游收入868亿兰特。餐饮行业营业收入514.24亿兰特，住宿行业营业收入203.18亿兰特。

南非政府在推进旅游业的发展过程中，逐渐认识到了旅游业在带动区域经济发展、为普通大众创造就业机会和增加收入方面的重要作用，全力推进旅游扶贫，不断探索旅游扶贫的实践路径。

（一）大力推广负责任旅游

1996年南非政府发表了《发展和推进南非旅游》白皮书，把负责任旅游作为旅游发展的主要指导原则和行动纲领，要求旅游业在当地创造经济利益，使当地人能参与市场运作，提高接待社区的福利，改善工作条件，以及保护当地的文化。白皮书为南非发展旅游业提出了政策框架，提高了穷人在一系列政府和半国营旅游开发项目中的参与程度。1997年有关旅游业的"发展、就业、再分配"报告，再次宣称要坚定不移地执行白皮书的战略和框架，强调旅游业应该"政府主导、企业驱动、社区为基础、员工参与"。2002年南非环境事务与旅游局发表可持续旅游的指南，把旅游扶贫理念进一步贯穿于执行白皮书的过程中，强调发展旅游要提高黑人在旅游企业中的经济地位、贫困乡村社区在旅游业中的参与度并获得更多利益。2003年为进一步落实白皮书和指南提出的各项要求，南非又发布了《负责任旅游手册》，从经济、社会和环境三方面提出了"负责任旅游"的具体要求，该手册简明易读，并配有实际操作的例子，对推动"负责任旅游"起到了很大的作用。2011年南非出台了《国家负责任旅游最低标准》，逐步形成了负责任旅游的指导原则和行动议程。

（二）执行减少贫困计划

2001年南非环境事务与旅游局推出了南非政府最直接、最重要的旅游扶贫项目——减少贫困计划，其目的在于通过长期的可持续旅游发展，减少最贫穷社区的数量；旅游部门增建道路、信息中心、游览步道、公园围墙等基础设施，帮助地方社区提供文化乡村、博物馆、旅馆及手工艺制品等旅游产品，以增强旅游业的发展后劲。

（三）实施旅游企业激励

南非政府实施众多激励措施促使旅游企业给穷人创造更多的利益。一是规划许可。南非国家公园被授权准许在特定时期和规定的园区内建造并使用旅游设施，但要求这些设施必须让穷人获益，必须采取措施增加穷人进入旅游市场的机会，必须雇用当地一定数量的穷人为员工。二是资金资助。依据旅游减贫项目的规定，企业能够得到政府的旅游扶贫专项资金资助，可用于建设旅游设施，也可用于旅游企业对穷人的教育培训等。三是营销激励。南非联邦接待协会（Federated Hospitality Association of South Africa）为接待部门设立了激励执行可持续经济、社会和环境项目的产业部门成员的奖励项目。

（四）创设旅游扶贫试验区

为研究与探索旅游扶贫战略及其对企业、社区贫困人口等社会阶层的影响，南非的众多旅游景区或旅游企业被确定为旅游扶贫的案例研究区。由英国国际发展局经济和社会研究组资助的，分别提供潜水、豪华与中等的丛林旅馆、博采和高尔夫球场等不同类型的旅游产品的5个旅游企业就是其中重要的旅游扶贫试验区。国际发展局企业挑战基金在南非资助设立了5个南部非洲旅游扶贫试验项目，分别是斯匹尔休闲区、荒野丛林岩石湾、太阳城胜地、南部太阳城旅馆区和克·唐狩猎场。扶贫试验区的奋斗目标在于帮助旅游企业建立和加强与当地人的联系，以便让当地人参与企业活动，最终实现旅游企业发展地方经济，帮助当地居民获益增收的目标。

二、南非的生态保护

南非虽然是一个区域经济社会发展不平衡的中等收入的发展中国家，但整个国家的生态环境保护卓有成效，为世人称道。

（一）制定和完善生态环境保护法律规章

1996年南非颁布的新宪法明确规定：每个公民都有享有无害环境的权利，要求采用适当措施保护环境，防止环境污染及生态系统退化，促进生态环境的保护与管理、社会经济合理发展，实现自然资源在生态上的可持续利用。1997年颁布的《保护与可持续利用南非生态资源多样性白皮书》明确提出了保护南非自然景观、生态系统、生态群落、人员、物种及基因多样性等六项目标；要求把对生态多样性的不利影响控制在最低限度内，科学利用生物资源以实现持续发展；确保基因资源利用为国家利益服务；提升保护生态多样性的能力；构建激励机制，创造物种多样性保护与可持续利用条件等。在宪法与白皮书的指导下，南非政府先后颁布了《国家环境管理法》、《国家水法》、《国家遗产法》、《海洋生态资源法》、《国家森林法》、《国家草原及森林防火法》、《国家公园法》(修正案)、《湿地保护法案》、《濒危物种保护法案》等一系列有关生态环境保护的法律法规。

（二）建立生态环境保护机制

南非建立了由环境事务与旅游局牵头，农业和土地事务部、水利和林业部、矿业和能源事务部，以及卫生部配合行动的环保监督体系。相关部门互相合作、协调行动、相互监督，形成了严密有效的生态环境保护机制。

（三）注重培育公民的生态环保意识

南非非常重视培育青少年的环保意识。1997年政府就要求将环保知识列入学校课程，使环保意识在青少年中入脑入心，因此，在南非保护大自然、保护动植物，已蔚然成风。在南非，无论是政府还是普通百姓都十分关注环境保护，就连南非钱币上印的都是野生动物头像。在南非，任何人不得捕杀野生动物，也不允许路人向动物投食，以避免动物变得懒惰，丧失自身的野性。为减少对动物生境的影响，旅游交通工具只能沿着专门设计的参观线路前进，严禁喧哗，严格遵守动物避让制度。

（四）重视环境保护区建设

为强化生态环保工作，南非环保部门与地方政府先后在全国确定了422个大型的国营或私营的自然保护区。这些保护区以国家公园、私人保护区、风景名胜和历史文化遗迹为基础，总面积高达6.7万平方千米，其数量之众，所占国土面积比例之高，均为世界第一。在南非，除广袤的自然保护区外，大中城市还利用自身的区位与资源优势,建起了一批形式各异的植物园,其中国家级植物园就有8个,如首都的比勒陀利亚植物园拥有近百万种世界各地的植物标本,成为南半球同类植物园的佼佼者。

(五)多方合作致力于生态环境保护

在南非,政府除自身履行生态环境保护的主体责任,负责制定和颁布一系列有关生态环境保护的法律法规和环境保护标准,建立健全生态环境保护的职能机构和监管体系外,还特别注重加强与国际组织、民间组织的合作,共同致力于南非的生态环境保护。南非认识到环境问题已是超越国界的问题,其不仅是国际捕鲸委员会、世界自然保护联盟等国际环保组织,《南极条约》等国际公约的发起国,而且积极加入《濒危野生动植物种国际贸易公约》《国际重要湿地特别是水禽栖息地公约》等有关生态环保的国际公约,借助国际组织和国际公约的力量加强国内的生态环境保护。与此同时,南非还有许多民间环境保护组织,如野生动物协会和南非自然基金会,它们积极宣传普及生态环境保护知识,加强环境教育,资助研究项目,甚至还积极筹资扩大自然保护区体系,建立了众多的植物园。

第十章　连片特困地区旅游扶贫与生态保护耦合发展的机制模型与协同路径设计

本章依据实证研究结果和影响旅游扶贫与生态保护实现优良态耦合发展的关键因子，构建连片特困地区旅游扶贫与生态保护耦合发展的机制模型，并依据该机制模型的理论逻辑和国际案例经验设计出促进旅游扶贫系统与生态保护系统实现优良态耦合发展的协同路径。

第一节　连片特困地区旅游扶贫与生态保护耦合发展的机制模型

结合印度和南非等国际旅游扶贫与生态保护协同发展的实践经验和样本区域实证研究结果，以及前述的旅游扶贫与生态保护交互耦合的基本原理和相关定律，我们全面梳理了连片特困地区旅游扶贫与生态保护两大系统演化发展进程与相互作用机理，构建了连片特困地区旅游扶贫与生态保护耦合发展机制模型（图10-1）。依据模型的理论逻辑，我们认为可从以下几方面理解这一模型。

首先，在旅游资源和生态环境优势较为明显的连片特困地区，当地政府或群众为了改变贫困落后的面貌，推动区域社会经济的发展，通常在追求经济利益动机的驱使之下，依托当地的良好生态环境和旅游资源，着手实施旅游扶贫开发项目，并取得一定经济效益。不过旅游扶贫开发的初始时期，旅游扶贫开发进程较缓，旅游产业规模小，旅游扶贫开发尚未对生态环境造成压力，旅游扶贫系统与

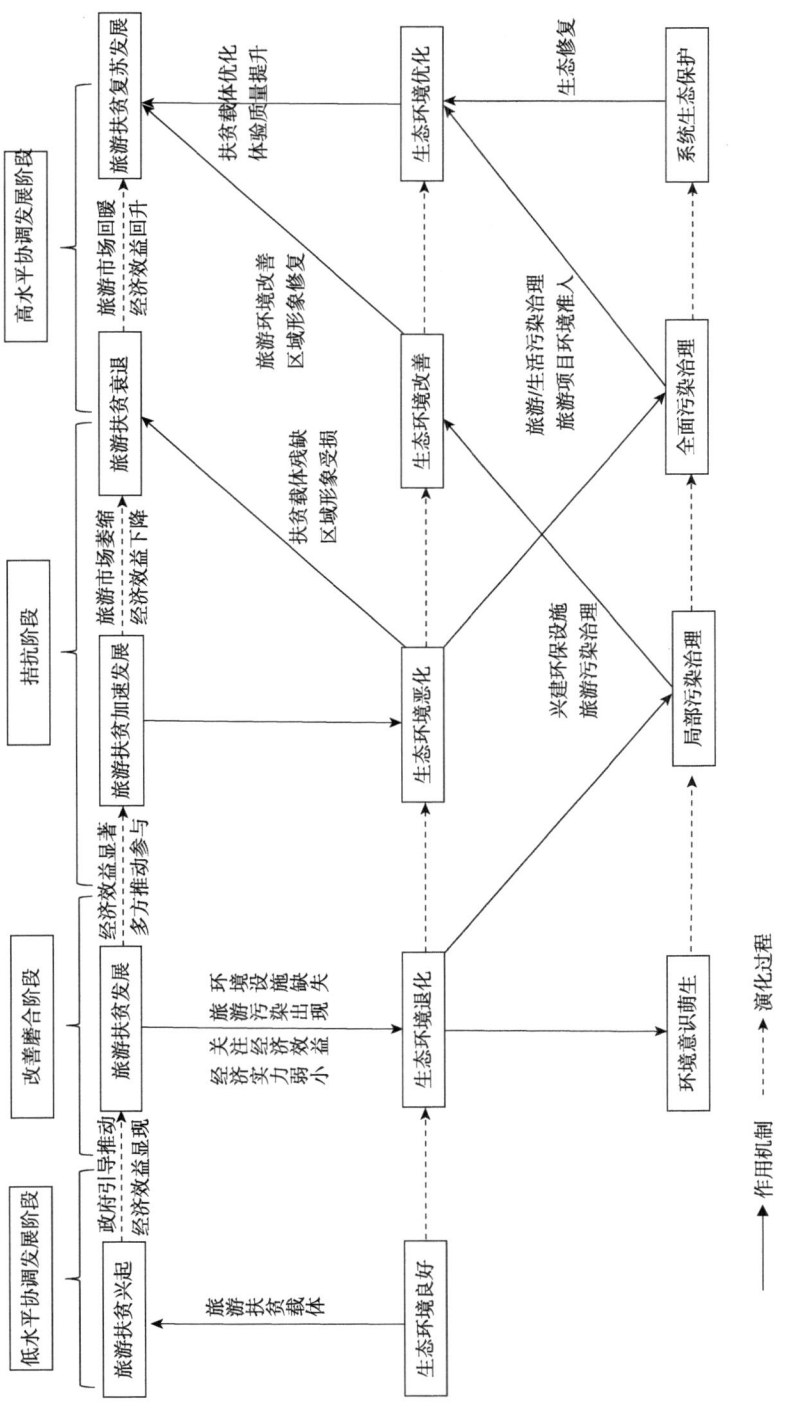

图10-1 连片特困地区旅游扶贫与生态保护耦合发展机制模型

生态保护系统处于相对和谐协调状态，但通常表现为旅游扶贫系统的整体效率与质量不及生态保护系统。因此，两大系统的和谐协调仅仅是一种低水平的协调状态。

其次，由于地方政府和当地群众在旅游扶贫开发过程中不同程度地获得了经济回报，推进旅游扶贫的动力增强，旅游扶贫进程加速，旅游扶贫开发建设项目增加，旅游设施规模扩大，旅游者数量增多，旅游扶贫系统的效率与质量得到进一步提升，旅游扶贫系统与生态保护系统的和谐协调程度得到一定程度改善。与此同时，旅游扶贫对生态环境造成的压力逐渐增强，旅游污染问题显现，地方政府与当地群众也逐渐意识到已经显现的负面环境问题，但连片特困地区经济实力本来就很弱，没有足够的能力配置环境保护设施，对于生态环境保护通常处于"心有余而力不足"的状态，最终导致生态保护系统的演化速度、整体效率与质量提升速度趋缓；如果旅游扶贫系统仍然保持较高速度演进，两大系统则会进入此消彼长或此长彼消的改善磨合阶段。

再次，随着旅游扶贫效益的进一步显现，旅游扶贫参与主体趋向多元化，旅游扶贫的推动力量更为强劲，旅游扶贫进程进一步加速，旅游业规模迅速扩大，旅游接待设施、休闲旅游者急剧增多，旅游扶贫效率继续提升。同时，快速推进的旅游扶贫对生态环境的胁迫效应日趋明显，如果旅游扶贫开发区能够及时采取旅游污染治理措施，消除旅游扶贫对生态环境造成的负面影响，改善生态环境质量，旅游扶贫与生态保护两大系统之间的矛盾就会趋于缓和，和谐协调程度会有所改善。如果旅游扶贫开发区不采取必要措施治理旅游污染，或环境治理体系与旅游扶贫开发规模及推进速度不匹配，最终都会导致生态保护系统的演化速度变缓甚至出现负增长，生态环境趋向恶化，生态环境对旅游扶贫的约束限制效应逐渐显现出来，使旅游扶贫系统的综合评价指数、演化速度的提升幅度由急变缓，旅游扶贫系统与生态保护系统之间的矛盾冲突日趋尖锐，其耦合发展迈向矛盾冲突日渐白热化的拮抗阶段。

最后，生态保护系统的衰退和生态环境的恶化使旅游扶贫的载体与资源环境基础受损，旅游者的体验质量下降，客源市场萎缩，最终导致旅游扶贫综合效益下降，旅游扶贫推进困难。旅游扶贫开发区在旅游扶贫与生态保护两大系统同时衰退的压力之下，积极兴建旅游污染治理设施，治理环境污染，强化旅游扶贫开发项目的环境准入制度，努力修复受损的生态环境，改善生态环境质量，旅游扶贫重获发展环境，逐渐复苏发展，从而使旅游扶贫与生态保护两大系统逐步迈向高水平协调的耦合发展阶段。

第二节 连片特困地区旅游扶贫与生态保护耦合发展的协同路径

根据连片特困地区旅游扶贫与生态保护耦合发展机制模型所展示的理论逻辑，我们认为要确保连片特困地区旅游扶贫与生态保护两大系统实现优良态耦合发展的目标，需要构建促进两大系统耦合发展的协同路径。

一、意识行为协同

对于一个地区而言，无论是开展旅游扶贫还是生态环境保护，都涉及多个相关利益主体，如果相关利益主体在推进旅游扶贫和保护生态环境两大问题上观念意识矛盾冲突，就难以采取既有利于旅游扶贫发展又促进生态环境保护的行动。就现实而言，各方利益主体对加快旅游扶贫进程有利于促进区域社会经济发展的认识往往趋于一致，而对加强生态保护的态度与认识并不完全一致。因此，让旅游者、政府部门、旅游企业和旅游地居民等相关利益主体在保护生态环境问题上的意识行为趋于一致十分必要。

（一）知法尊法意识

旅游扶贫应当遵循"旅游发展与环境保护并举"的指导方针，旅游扶贫与生态保护应当相辅相成。旅游扶贫既是旅游扶贫与生态保护交互耦合系统中的一个子系统，也是旅游经济、国民经济大系统中的一个子系统，旅游扶贫的推进必然与诸多部门、行业有关，离不开政府部门、相关企业、当地居民及游客等多方参与者的协作。旅游扶贫进程中出现的生态环境退化甚至破坏等问题，一方面是法律规章缺失或存在缺陷导致的结果，另一方面则是旅游扶贫活动参与者对相关法律规章认知缺失导致的结果。因此，在健全和完善相关法律规章的同时，强化旅游扶贫参与者的知法尊法意识尤为重要。

首先，旅游扶贫的参与主体必须知晓我国已经颁布执行的相关保护资源环境的法规。《中华人民共和国环境保护法》明确规定一切单位和个人都有保护环境的义务。地方各级人民政府应当对本行政区域的环境质量负责。企业事业单位和其他生产经营者应当防止、减少环境污染和生态破坏，对所造成的损害依法承担责任。除此之外，我国还制定颁布了《中华人民共和国森林法》《中华人民共和国水污染防治法》《中华人民共和国大气污染防治法》《中华人民共和国环境噪声污染防治法》《中华人民共和国野生动物保护法》《中华人民共和国野生植物保护条例》《风景名胜区管理条例》《中华人民共和国文物保护法》《中华人民共和国固体废物污染环境防治法》《大气污染防治行动计划》《水污染防治行动计划》《土壤污染防治行动计划》等一系列关于森林资源、水资源环境、大气环境、野生动植物、风景资源、声环境保护，以及水体污染、大气污染、噪声污染、土壤污染和固体废弃物污染防治的法律法规，对资源保护与污染防治的责任义务、具体措施，以及违法责任等方面都做出了相当明确的规定。

其次，旅游扶贫与生态保护的各方参与者在全面系统了解有关资源环境保护的各种法律规章的基础上更应树立尊重和敬畏法律规章的意识。一要尊重相关法律规章的权威，相信法律规章的威严。要培育旅游扶贫各方参与者的法律信仰，只有具备了对相关法律的信仰，才可能忠诚于法律，自觉捍卫法律的尊严和权威，自觉遵循法律规章，视其为自己的庄严使命和神圣责任。二要对资源环境保护法律规章存敬畏之心。古人云："畏则不敢肆而德以成，无畏则从其所欲而及于祸。"敬畏法律是信仰法律的前提，也是自觉遵守法律的原动力。因此，地方政府要广泛宣传相关的法律法规，完善环境信息公开制度，推进环保政务公开，实行环境质量公告制度，推进企业环境信息公开，保障公众的环境知情权；设立旅游环境投诉及生态破坏举报专线，支持和鼓励公众检举环境违法行为，推动环境公益诉讼，保障公众环境权益。[82]通过褒扬尊法守法者、惩戒违法乱纪者，努力营造尊重法律、敬畏法律的社会氛围。

（二）守法执法行为

有言道：内化于心方可外显于行，也就是说，人们通过认知积累知识经验，新的知识经验改变其固有的观念态度，进而引起行为改变。因此，对于旅游扶贫的各方参与者而言，不仅要养成知法尊法意识，更要表现出守法执法行为。

首先，旅游者文明旅游。旅游者在旅游扶贫区域旅行须遵循《中华人民共和国旅游法》和《中国公民国内旅游文明行为公约》等的规定，自觉维护环境卫生、保护生态环境和文物古迹、爱护公共设施，做到文明旅游。

其次，旅游扶贫项目实施者严格执行相关资源环境保护的法律规章。旅游扶贫项目建设应不占或少占林地；必须占用或征用林地，需经县级以上林业主管部门审核同意后依法办理建设用地审批手续，并缴纳森林植被恢复费；不得有任何毁坏名胜古迹、革命纪念地的林木、自然保护区内森林的行为。直接或间接向水体排放污染物的新改扩建旅游扶贫项目应依法进行环境影响评价，旅游扶贫项目配套的污水处理设施应遵循与主体工程同时设计、同时施工、同时投入使用的"三同时原则"；旅游扶贫设施的经营者不得私设暗管或者采取其他规避监管的方式排放水污染物，不得在饮用水水源保护区内设置排污口，不得在饮用水水源一级保护区内从事旅游、游泳、垂钓等可能污染饮用水水体的活动。任何旅游扶贫开发活动不得破坏受到国家保护的野生动植物及其生存环境。旅游扶贫必须遵守文物保护工作的方针，不得对文物造成损害；在文物保护单位的建设控制地带内实施旅游扶贫项目建设，不能损毁文物保护单位的原貌；在文物保护单位的保护范围和建设控制地带内，禁止兴建对文物保护单位及其环境可能造成污染的旅游扶贫设施，禁止开展对文物保护单位安全及其环境可能产生影响的旅游活动。旅游扶贫开发区的文化娱乐场所和商业经营活动必须严格遵循国家规定的环境噪声排放标准。

最后，政府机构强化监督职能，严把执法关。政府职能部门应当依法履行监督职责，对一切违反资源环境保护法律法规的行为严惩不贷。如果旅游者在旅游过程中实施破坏公共环境卫生、公共设施，损毁、破坏旅游目的地文物古迹，破坏生态环境，违反野生动植物保护规定等行为，应当将行为人或行为人的监护人纳入"不文明旅游行为记录"黑名单或依法依规追究其法律责任。如果旅游扶贫项目的建设者或旅游设施的经营者在饮用水水源一级保护区内组织旅游、垂钓或者其他可能污染饮用水水体的游憩活动，旅游扶贫项目配套的污水处理设施未建、未验收或验收不合格即投入使用的，由县级以上环境保护主管部门责令停止并处 2 万~50 万元的罚金。旅游扶贫开发区的餐饮经营者没有安装或不正常使用油烟净化设施，超标排放油烟，由县级以上监督管理部门责令改正，并处 5000~50 000 元罚金。旅游扶贫项目施工单位在施工工地没有硬质密闭围挡设施，或未采取有效防尘降尘措施，建筑废弃物未及时清运，或未遮盖密闭式防尘网，由县级以上主管部门责令改正并处 10 000~100 000 元罚金，拒不改正的，责令停工整治。如果旅游扶贫参与者在风景名胜区的核心景区内建设服务接待设施或与风景名胜资源保护无关的建筑物，由风景名胜区管理机构责令停止、恢复原状或限期拆除，并处 50 万~100 万元罚金。旅游设施经营者随意倾倒、抛撒或者堆放生活垃圾，旅游扶贫项目工程施工单位不及时清运施工过程中产生的固体废物造成环境污染，在运输过程中沿途丢弃废弃物，由县级以上环境卫生主管部门责令停止，限期改正，并处 5000~50 000 元罚金。

二、资源配置协同

（一）旅游扶贫开发与生态保护工程建设协同

连片特困地区由于经济落后，地方财政长期入不敷出，绝大多数地方政府在旅游扶贫过程中首先追求的是旅游扶贫项目的规划与建设,力图通过旅游扶贫项目带动区域社会经济的发展,尽快改变贫穷落后的面貌。因此,无论是旅游扶贫开发商还是地方政府乃至当地的社区居民都热衷于旅游扶贫开发,愿意在旅游扶贫开发项目或工程上投入人力、财力和物力,即使他们意识到了生态环境保护的重要性,也没有足够的能力实施生态环境保护。调研发现:一方面,连片特困地区旅游扶贫受资源环境条件的制约,具有非常明显的小尺度空间性,通常以镇、乡为空间尺度展开,随着旅游扶贫快速推进,旅游服务设施不断增加,休闲旅游者不断涌入,生活污染物持续增量,旅游扶贫开发给当地的生态环境造成的压力与日俱增。另一方面,直到"十二五"末的2015年,连片特困地区内大多数县城以上的城市才基本建成生活污水处理厂和生活垃圾处理场等环境保护设施,仅有少数镇乡的场镇建有生活污水处理设施和生活垃圾的集中收运设施,绝大多数镇乡还处于正在建设或者正在规划建设阶段,生态保护工程的规划建设普遍滞后,导致连片特困地区旅游扶贫开发区内的生活污染物得不到有效处理,旅游扶贫系统与生态保护系统的矛盾尖锐化。有鉴于此,连片特困地区要确保旅游扶贫与生态保护协同共进、和谐发展,在规划建设旅游扶贫项目时,必须采取以下措施。

1. 旅游扶贫开发项目严格执行环评法

环境影响评价是指在某一地区兴建可能影响生态环境的工程之前,应当调查、预测和评估相关建设活动可能造成的环境影响,并提出防止其负面环境影响的方案。《中华人民共和国环境影响评价法》最早于2003年9月1日施行,2016年7月第一次修订。我国绝大多数连片特困地区都是生态脆弱区,生态保护压力巨大,任务艰巨,旅游扶贫开发项目如景区景点、大型旅游服务接待设施、大型游乐设施、旅游地产等的开发建设都会对生态环境造成不同程度的负面影响,为避免或减少旅游扶贫开发项目对当地生态环境造成的冲击,我们认为在连片特困地区规划建设旅游扶贫开发项目应当按照《中华人民共和国环境影响评价法》的相关要求,严格遵循环境影响评价制度,在编制旅游扶贫开发项目的专项规划时必须包含环境影响报告书,应当全面评估实施旅游扶贫项目规划可能造成的负面环境影响,提出预防或减轻不良环境影响的对策与措施;凡是对生态环境可能造成较大负面影响的旅游扶贫开发项目规划应当予以否定,不能批准实施。如果旅游扶贫项目建设可能产生重大环境影响,应编制环境影响报告书;如果可能造成轻度环境影响,应编制环境影响报告表;如果对环境的影响很小,也应填报环境影响登记表。

如果旅游扶贫项目建设单位不依法报批相应的环境影响评价文件就擅自开工建设的,由具有审批权的环境保护行政主管部门责令停建,限期补办手续;逾期不补办手续,处50 000~200 000元罚金。如果建设项目环境影响评价文件未获批准或重新审核同意就擅自开工建设的，由具有审批权的环境保护行政主管部门责令停建，同样可处 50 000~200 000 元罚金。

2. 旅游扶贫开发遵循"三同时原则"

连片特困地区在编制旅游扶贫开发规划时应当根据旅游扶贫开发项目建设的规模与发展趋势，可能产生的环境污染物类型与数量，同时规划相应的环境污染治理设施，如生活污染处理设施、生活垃圾搜集处理设施、噪声污染防治设施、废气污染防治设施等。在进行旅游扶贫开发项目，尤其是大规模旅游度假地产项目建设时应当同时启动当地的生活污水处理厂、生活垃圾集中搜集处理设施的建设，避免在旅游度假地产等旅游设施启用后，大量游客聚集产生的旅游生活污染物不能得到及时有效的处理而对当地生态环境造成负面影响。各类旅游设施启用时必须同时启用按照规定必须配套建设且须验收合格的污染治理设施，没有按规定配套污染治理设施，或污染治理设施验收不合格的旅游设施不得启用。通过严格执行旅游扶贫开发项目的"三同时原则"，以确保旅游扶贫开发项目尽可能不对当地生态环境造成不良影响。

（二）旅游扶贫规模与环境承载能力协同

对于连片特困地区而言，旅游扶贫不仅具有资源环境依赖性，而且具有资源环境损耗性。旅游扶贫的发展空间与潜力首先取决于区域资源环境条件，如果区域资源环境条件不适合发展旅游，或者资源环境条件不能有效支撑旅游业的发展，旅游扶贫就难以开展并取得成效。即使区域资源环境条件具备发展旅游的潜力，如果在旅游扶贫开发过程中不考虑资源环境的承载能力，无限度地扩大旅游扶贫规模，增加旅游设施和游客接待量，就会对资源环境造成损耗甚至破坏，引发旅游扶贫与生态环境保护之间的冲突与矛盾。在发展旅游业的同时，如果不注重生态建设和环境保护，旅游扶贫开发的规模超过生态环境的承载容量，将导致旅游生活污染日趋严重、植被退化、动物资源和生物多样性减少等严重后果。有鉴于此，一是应根据各景区为游客提供的游憩活动空间大小（如游客活动区域面积、游道长度等）或者必需的辅助游览工具的承载量（如观光电梯、游客转运车辆等）及游览所需时间等因素，科学设定其旅游环境容量。譬如根据景区的游览特点，采用线路法测算可知武隆县仙女山镇的天生三桥、龙水峡地缝及石柱县黄水镇的大风堡和毕兹卡绿宫的日适载游客量分别是 4575 人、3450 人、6250 人和 5333 人，尽管这些景区的年游客总量未超过适载游客量，但旅游旺季尤其是黄金周游客量超载严重，比如 2014 年 7 月、8 月、10 月三个月，天生三桥分别超载 30%、60%和 50%，国庆黄金周日游客量通常是适载游客量的 3~6 倍，如果不对游客量进行有效调控,势必造成景区的生态环境退化。二是应当根据旅游场镇的公共设施如生活用水供应量、生活污水处理量等确定其最大日游客接待量,才能有效避免游客超量引起的生态环境超负。据调查,旅游者的生活用水量不少于 250 升/天,仙女山镇日最大供水量 2 万吨,可满足 8 万人的生活用水。仙女山镇的污水处理能力 8000 吨/天,如果按生活用水 80%转化为污水计算,每天最大居住生活人口量大约为 5 万人。但场镇在度假高峰时段都超过 10 万人,不仅超出了场镇的供水能力,更远远超出了污水处理设施的处理能力,对生态环境的负面影响不言而喻。三是严格控制旅游度假地产的过量开发。旅游扶贫极大地刺激了研究区域旅游度假地产的迅猛发展,重庆石柱县黄水镇 2004~2016 年在 5 平方千米的范围内开发了 121 万平方米旅游度假地产,重庆武隆县仙女山镇 2008~2016 年在 10 平方千米的范围内共计开发了 217 万平方米旅游度假地产,湖北利川市谋道镇自 2010 年开始先后开建 60 余个度假地产项目,开发总量 300 余万平方米,在度假高峰时期,这些场镇的度假者均在 10 万人以上,人满为患、交通拥堵现象比较突出。因此,在旅游扶贫过程中应当强化生态保护意识,合理规划布局旅游度假地产,严防过度开发。否则,旅游度假地产开发一旦超越生态环境的承载能力,就会导致生态环境退化。

三、收益分享协同

(一)多方参与

旅游企业、当地政府、社区居民和游客虽然是不同的群体,但都是在旅游扶贫大系统下的利益共同体,各方必须达到行动和意识的统一,才能确保旅游扶贫与生态保护真正同步推进。

对于当地政府而言,需要充分利用好国家扶贫政策与资金支持,积极引入社会资金,盘活旅游资源,激发旅游扶贫的活力。政府要研究制定土地利用、资金支持、税收优惠等相关政策,扶持旅游扶贫开发项目与经营者,加快乡村道路建设、乡村环境整治、治污工程建设等,为旅游扶贫创造基础条件。建立严格科学的生态保护机制,将生态环境保护指标纳入国民经济和社会发展规划目标,纳入领导干部政绩考核体系,实行"一票否决制"。将节能减排作为考核部门、乡镇实绩的硬指标,建立起生态保护的倒逼、约束和激励机制。

对于旅游扶贫企业而言,在积极开发旅游扶贫项目时应当强化生态环境保护意识,自觉遵守我国相关的生态环境保护法律法规,按照要求配套与使用环境污染治理设施,项目规模应当满足生态环境承载容量的要求。旅游扶贫企业应当主动参与旅游地的生态环境保护与生态建设,通过设立补偿基金等形式来资助旅游地加强生态环境保护，协助地方政府帮助旅游扶贫社区成立环境保护组织。

生态环境状态密切关系到旅游社区的生存空间与未来发展。因此，社区居民首先应当参与旅游扶贫决策。政府、旅游企业、专家学者和媒体长期主导旅游决策的发展模式，基本上剥夺了旅游社区及其居民的旅游决策权。社区居民扮演的角色只是"旅游扶贫的相关者"，很难成为旅游社区真正的主人。因此，他们应当享有旅游扶贫影响的知情权与旅游决策的话语权。凡是规划设计重大旅游扶贫项目，应当征询社区居民的建议意见。只有让社区居民享有知情权和决策权，旅游扶贫项目的规划建设才能得到社区居民的理解与支持，也只有社区居民真正参与旅游发展决策，才能从旅游发展中真正获得好处。对此，首先，应建立决策咨询机构和旅游扶贫项目通报协商制度，以便听取社区居民意见。其次，社区居民可通过参与环保教育，担任生态环境保护义务宣传员、环卫督察员等，主动参与当地的生态环境保护，投入到生态环境保护行动之中。唯有如此，才能强化社区居民的主人翁意识，使社区居民在旅游扶贫活动中主动承担生态保护的责任，如此良性循环，才能使社区居民真正获得收益；应最大限度地调动各种资源，使其主动参与当地的旅游扶贫与生态环境保护。

社区在旅游扶贫开发过程中不仅要成为旅游扶贫与生态环境保护的直接参与者与受益者，更要发挥生态环境保护监督者的作用，与地方政府一道共同致力于参与和督促各方致力于生态环境保护。

（二）利益共享

旅游扶贫的利益主体共同分享旅游发展收益有助于激发各方共同参与的动力。众所周知，旅游扶贫的深入推进，极大地刺激了区域经济的快速发展，迅速改变了连片特困地区的贫困落后面貌，当地政府的形象与政绩、旅游扶贫企业的收益都有较大的提升。但当地的社区居民，尤其是贫困人口并不一定能从旅游扶贫中获得应该得到的收益，如重庆武隆仙女山镇的旅游综合收入是四个样本区域中最高的，但因旅游发展而脱贫的贫困人口数却远远少于石柱黄水镇、奉节兴隆镇和巴马甲篆镇。因此，在地方政府和旅游扶贫企业关注与推动旅游扶贫开发，推进生态环境保护时，当地社区及其居民如果很难享受到旅游发展带来的效益，还要为旅游扶贫可能造成的负面环境影响买单，这不仅不利于旅游扶贫的开发，更无法调动其参与生态环境保护的积极性。因此，连片特困地区应当建立旅游扶贫参与者利益共享机制，让各方参与者都能从中获取收益，旅游扶贫社区及其居民才会理解、支持和参与旅游扶贫，并自觉保护生态环境。

1. 社区居民以股东身份参与收益分配

在旅游扶贫开发过程中，可将社区的土地、旅游资源、资本、设施、民族文化、劳动力等的产权界定清楚后转化成股本，参与旅游扶贫，明确界定相关利益主体的权责利，以增强社区对旅游发展的话语权与掌控权。旅游收益则按劳分红或按股分红，只有这样，国家、集体和个人才可通过旅游扶贫获得相应股息与红利收入。

2. 社区居民直接参与经营活动并从中受益

首先，政府与金融机构通力合作，为贫困社区居民提供低息贷款或担保，支持他们建设旅游接待设施。当地政府应当控制外来旅游投资者的数量，以防止旅游扶贫收益被外来投资者垄断；应当制定优惠政策，鼓励旅游企业优先录用贫困社区居民，以便贫困社区居民通过劳务服务获得收益。其次，政府应该制定扶持政策，支持社区居民建设家庭旅馆等旅游服务设施，直接参与旅游经营活动，从旅游扶贫开发中获取收益，提升经济地位，改善生活品质。

参 考 文 献

[1] 赵倩. 宁夏：旅游扶贫试验区引领六盘山旅游走出"深闺". http://www.gov.cn/xinwen/2014-05/27/content_2688254.htm[2015-02-13].

[2] 国家发展和改革委员会，国家旅游局，国务院扶贫办，等. 关于实施乡村旅游富民工程推进旅游扶贫工作的通知. https://tour.rednet.cn/c/2015/01/08/3570920.htm[2015-03-17].

[3] 国家旅游局，国家发展和改革委员会，国务院扶贫办，等. 关于印发乡村旅游扶贫工程行动方案的通知. http://www.cpad.gov.cn/art/2016/8/11/art_1747_672.html[2016-10-21].

[4] 林红. 对"旅游扶贫"论的思考——兼议西部旅游开发. 北京第二外国语学院学报，2000，（5）：49-53.

[5] 刘向明，杨智敏. 对我国"旅游扶贫"的几点思考. 经济地理，2002，22（2）：241-244.

[6] 周歆红. 关注旅游扶贫的核心问题. 旅游学刊，2002，17（1）：17-21.

[7] 李刚，徐虹. 影响我国可持续旅游扶贫效益的因子分析. 旅游学刊，2006，21（9）：64-69.

[8] 李戎戎. 旅游扶贫在构建民族地区和谐社会中的重要作用——以白族地区为例. 经济问题探索，2006，（3）：149-151.

[9] 张伟，张建春，魏鸿雁. 基于贫困人口发展的旅游扶贫效应评估——以安徽省铜锣寨风景区为例. 旅游学刊，2005，20（5）：43-49.

[10] 向延平. 武陵山区旅游扶贫生态绩效模糊分析——以湘鄂渝黔6个市州为例. 湖南农业科学，2012，（13）：131-133.

[11] 李晓琴. 恩施州旅游扶贫模式优化研究——基于贫困度与旅游资源禀赋度的耦合性分析. 中国地质大学硕士学位论文，2013.

[12] 曹务坤，辛纪元，吴大华. 民族村寨社区参与旅游扶贫的法律机制完善. 云南社会科学，2014，（6）：130-133.

[13] 邱云美. 社区参与是实现旅游扶贫目标的有效途径. 农村经济，2004，（12）：43-45.

[14] Schilcher D. Growth versus equity：the continuum of pro-poor tourism and neoliberal governance. Current Issues in Tourism，2007，10（2/3）：166-193.

[15] Butler R，Curran R，O'Gorman K D. Pro-poor tourism in a first world urban setting：case study

of Glasgow govan. International Journal of Tourism Research, 2013, 15 (5): 443-457.

[16]Scheyvens R. Exploring the tourism-poverty nexus. Current Issues in Tourism, 2007, 10 (2/3): 231-254.

[17]Hampton M P. Heritage, local communities and economic development. Annals of Tourism Research, 2005, 32 (3): 735-759.

[18]Rid W, Ezeuduji I O, Haider U P. Segmentation by motivation for rural tourism activities in the Gambia. Tourism Management, 2014, 40 (2): 102-116.

[19]Manyara G, Jones E. Community-based tourism enterprises development in Kenya: an exploration of their potential as avenues of poverty reduction. Journal of Sustainable Tourism, 2007, 15(6): 628-644.

[20]Kennedy K, Dornan D. An overview: tourism non-governmental organizations and poverty reduction in developing countries. Asia Pacific Journal of Tourism Research, 2009, 14 (2): 183-200.

[21]黄涛,李维薇,张英俊. 草原生态保护与牧民持续增收之辩. 草业科学, 2010, 27 (9): 1-4.

[22]白莹. 草原生态保护与农牧民增收协调发展的金融支持研究. 内蒙古财经学院学报, 2007, (6): 30-32.

[23]付娟. 城市湿地公园生态保护规划研究——以尚湖国家城市湿地公园为例. 华中农业大学硕士学位论文, 2007.

[24]张新兵,崔丽娟,赵欣胜,等. 西北干旱区湿地公园生态保护与恢复模式——以陕西千湖国家湿地公园为例. 湿地科学与管理, 2011, 7 (2): 13-17.

[25]颜昌宙,金相灿,赵景柱,等. 云南洱海的生态保护及可持续利用对策. 环境科学, 2005, 26 (5): 38-42.

[26]刘晓红,虞锡君. 基于流域水生态保护的跨界水污染补偿标准研究——关于太湖流域的实证分析. 生态经济, 2007, (8): 129-135.

[27]吴舜泽,王东,姚瑞华. 统筹推进长江水资源水环境水生态保护治理. 环境保护, 2016, 44 (15): 16-20.

[28]廖文根. 长江生态保护,困境中的博弈. 中国三峡, 2013, (1): 30-34.

[29]李双建,杨潇,王金坑. 海洋生态保护红线制度框架设计研究. 海洋环境科学, 2016, 35(2): 306-310.

[30]莫妮娜,肖瑜,许晋. 基于生态保护的高原湿地旅游资源开发研究. 资源开发与市场, 2014, 30 (8): 1019-1021, 989.

[31]王克西. 秦岭北麓环山带的生态保护与经济发展模式选择. 人文地理, 2007, (2): 23-26.

[32]徐越,司言武,肖也佳,等. 生态保护与经济发展的协调性研究——以温州市鳌江流域为例. 特区经济, 2013, (12): 172-174.

[33]常丽霞,叶进. 关于西部生态保护立法若干问题的思考. 开发研究, 2008, (4): 55-58.

[34]梅宏. 论我国生态保护立法及其完善. 中国海洋大学学报（社会科学版）, 2008,（5）: 49-55.

[35]曾小姣, 葛大兵, 张佳仕, 等. 麻阳县生态保护红线划定技术研究. 环境与可持续发展, 2015,（6）: 187-189.

[36]刘谓承, 张音波, 苏耀明. 生态保护红线成效评估方法与考核机制的探讨. 中国环境科学学会 2016 年学术年会, 2016.

[37]李英. 实施草原生态保护补助奖励机制政策存在的问题、成因分析及几点建议. 草业与畜牧, 2015,（3）: 60-62.

[38]兰继江. 黑水县畜牧兽医局落实草原生态保护补助奖励政策的几点做法. 当代畜牧, 2013,（26）: 4, 80.

[39]胡熠, 黎元生. 论流域区际生态保护补偿机制的构建——以闽江流域为例. 福建师范大学学报（哲学社会科学版）, 2006,（6）: 53-58.

[40]葛少芸. 民族地区流域环境长效生态补偿机制研究——以甘肃甘南藏族自治州黄河重要水源补给生态功能区生态保护与建设项目为例. 生态文明与环境资源法——2009 年全国环境资源法学研讨会（年会）, 2009.

[41]Holdren J P, Ehrlich P R. Human population and the global environment. American Scientist, 1974, 62（3）: 282-292.

[42]Westman W E. How much are nature's services worth?. Science, 1977, 197（4307）: 960-964.

[43]Daily G C. Nature's Services: Societal Dependence on Natural Ecosystems. Washington D C: Island Press, 1997.

[44]Costanza R, d'Arge R, de Groot R, et al. The value of the world's ecosystem services and natural capital. Ecological Economics, 1998, 25（1）: 3-15.

[45]Pimentel D, Wilson C, Mccullum C, et al. Economic and environmental benefits of biodiversity. Bio Science, 1997, 47（11）: 747-757.

[46]Loomis J, Kent P, Strange L, et al. Measuring the total economic value of restoring ecosystem services in an impaired river basin: results from a contingent valuation survey. Ecological Economics, 2000, 33（1）: 103-117.

[47]Seidl A F, Moraes A S. Global valuation of ecosystem services: application to the Pantanal da Nhecolandia, Brazil. Ecological Economics, 2000, 33（1）: 1-6.

[48]Patterson M G. Ecological production based pricing of biosphere processes. Ecological Economics, 2002, 41（3）: 457-478.

[49]van Beukering P J H, Cesar H S J, Janssen M A. Economic valuation of the Leuser National Park on Sumatra, Indonesia. Ecological Economics, 2003, 44（1）: 43-62.

[50]Muradian R, Corbera E, Pascual U, et al. Reconciling theory and practice: an alternative conceptual framework for understanding payments for environmental services. Ecological Economics, 2010, 69（6）: 1202-1208.

[51]van Noordwijk M, Leimona B, Jindal R, et al. Payments for environmental services: evolution toward efficient and fair incentives for multifunctional landscapes. Annual Review of Environment and Resources, 2012, 37 (1): 389-420.

[52]Moran D, McVittie A, Allcroft D J, et al. Quantifying public preferences for agri-environmental policy in Scotland: a comparison of methods. Ecological Economics, 2007, 63 (1): 42-53.

[53] Bienabe E, Hearne R R. Public preferences for biodiversity conservation and scenic beauty within a framework of environmental services payments. Forest Policy and Economics, 2006, 9 (4): 335-348.

[54]Brown M A, Clarkson B D, Barton B J, et al. Implementing ecological compensation in New Zealand: stakeholder perspectives and a way forward. Journal of the Royal Society of New Zealand, 2014, 44 (1): 34-47.

[55]Loomis J B, Walsh R G. Assessing wildlife and environmental values in cost-benefit analysis: state of the art. Journal of Environmental Management, 1986, 22 (2): 125.

[56]Engel S, Pagiola S, Wunder S. Designing payments for environmental services in theory and practice: an overview of the issues. Ecological Economics, 2008, 65 (4): 663-674.

[57]Cranford M, Mourato S. Community conservation and a two-stage approach to payments for ecosystem services. Ecological Economics, 2011, 71: 89-98.

[58]Farley J, Costanza R. Payments for ecosystem services: from local to global. Ecological Economics, 2010, 69 (11): 2060-2068.

[59]Muñoz-Piña C, Guevara A, Torres J M, et al. Paying for the hydrological services of Mexico's forests: analysis, negotiations and results. Ecological Economics, 2008, 65 (4): 725-736.

[60]Wunder S, Engel S, Pagiola S. Taking stock: a comparative analysis of payments for environmental services programs in developed and developing countries. Ecological Economics, 2008, 65 (4): 834-852.

[61]Sierra R, Russman E. On the efficiency of environmental service payments: a forest conservation assessment in the Osa Peninsula, Costa Rica. Ecological Economics, 2006, 59: 131-141.

[62]Alix-Garcia J, de Janvry A, Sadoulet E. The role of deforestation risk and calibrated compensation in designing payments for environmental services. Environment and Development Economics, 2008, 13 (3): 375-394.

[63]Pagiola S, Arcenas A, Platais G. Can payments for environmental services help reduce poverty? An exploration of the issues and the evidence to date from Latin America. World Development, 2005, 33 (2): 237-253.

[64]Charnley S, Engelbert B. Evaluating public participation in environmental decision-making: EPA's superfund community involvement program. Journal of Environmental Management, 2005, 77 (3): 165-182.

[65] Sinclair A J, Diduck A P. Reconceptualizing public participation in environmental assessment as EA civics. Environmental Impact Assessment Review, 2017, 62: 174-182.

[66] 波尼 P, 波义尔 A. 国际法与环境. 2版. 那力, 王彦志, 王小钢, 译. 北京: 高等教育出版社, 2007.

[67] 翁钢民, 鲁超. 旅游经济与城市环境协调发展评价研究——以秦皇岛市为例. 生态经济, 2010, (3): 28-31.

[68] 程晓丽, 张乐勤, 程海峰. 中小城市旅游经济与生态环境协调发展研究——以池州市为例. 地理与地理信息科学, 2013, 29 (5): 102-106.

[69] 生延超, 钟志平. 旅游产业与区域经济的耦合协调度研究——以湖南省为例. 旅游学刊, 2009, 24 (8): 23-29.

[70] 翁钢民, 周艳丽. 旅游经济与生态环境系统耦合态势研究. 生态经济 (学术版), 2013, (1): 16-19.

[71] 王辉, 姜斌. 沿海城市生态环境与旅游经济协调发展定量研究. 干旱区资源与环境, 2006, 20 (5): 115-119.

[72] 张广海, 刘真真, 王新越. 中国沿海区域旅游化与生态环境耦合度分析及预测. 生态环境学报, 2013, 22 (5): 792-800.

[73] 韩镇. 旅游与生态环境交互耦合机理研究. 燕山大学硕士学位论文, 2012.

[74] 耿松涛, 谢彦君. 副省级城市旅游经济与生态环境的耦合关系研究. 城市发展研究, 2013, 20 (1): 91-97.

[75] 庞闻, 马耀峰, 杨敏. 城市旅游经济与生态环境系统耦合协调度比较研究——以上海、西安为例. 统计与信息论坛, 2011, 26 (12): 44-48.

[76] 吴耀宇, 崔峰. 南京市旅游经济与生态环境协调发展关系测度及分析. 旅游论坛, 2012, 5 (2): 79-83.

[77] 董琳琳. 新疆旅游经济与生态环境协调度研究. 新疆师范大学硕士学位论文, 2012.

[78] 钟霞, 刘毅华. 广东省旅游-经济-生态环境耦合协调发展分析. 热带地理, 2012, 32 (5): 568-574.

[79] 何昭丽. 新疆旅游生态环境与经济协调发展研究. 中国经贸导刊, 2013, (2): 58-60.

[80] 崔峰. 上海市旅游经济与生态环境协调发展度研究. 中国人口·资源与环境, 2008, 18 (5): 64-69.

[81] 庞闻, 马耀峰, 唐仲霞. 旅游经济与生态环境耦合关系及协调发展研究——以西安市为例. 西北大学学报 (自然科学版), 2011, 41 (6): 1097-1101, 1106.

[82] 马梅芳, 马耀峰. 城市生态环境与旅游发展的耦合协调度分析——以西安市为例. 市场研究, 2012, (7): 34-36.

[83] Mitchell R K, Agle B R, Wood D J. Toward a theory of stakeholder identification and salience: defining the principle of who and what really counts. Academy of Management Review, 1997,

22（4）：853-886.

[84]Robson J，Robson I. From shareholders to stakeholders：critical issues for tourism marketers. Tourism Management，1996，17（7）：533-540.

[85]Sautter E T，Leisen B. Managing stakeholders a tourism planning model. Annals of Tourism Research，1999，26（2）：312-328.

[86]郭华. 制度变迁视角的乡村旅游社区利益相关者管理研究. 暨南大学博士学位论文，2007.

[87]张广瑞. 关于旅游业的 21 世纪议程（一）——实现与环境相适应的可持续发展. 旅游学刊，1998，（2）：49-53.

[88]李达. 经济增长与环境质量——基于长三角的实证研究. 复旦大学博士学位论文，2007.

[89]张文焕，刘光霞，苏连义. 控制论·信息论·系统论与现代管理. 北京：北京出版社，1990.

[90]王寿云，于景元，戴汝为，等. 开放的复杂巨系统. 杭州：浙江科学技术出版社，1996.

[91]郗炳峰. 基于熵及耗散结构理论的生产系统分析研究. 天津大学硕士学位论文，2009.

[92]罗云. 连片特困地区中小城镇知识扶贫的路径研究——以武陵山连片特困地区为例. 西南大学硕士学位论文，2014.

[93]张辛欣. 统计局数据显示中国部分地区贫困人口比例增加. http://news.sohu.com/20101222/n278445768.shtml[2015-10-13].

[94]王志章. 连片特困地区包容性增长的扶贫开发模式研究. 北京：人民出版社，2016.

[95]白凤峥，李江生. 旅游扶贫试验区管理模式研究. 经济问题，2002，（9）：23-25.

[96]张国凤. 宁夏六盘山旅游扶贫试验区年赚 3.9 亿元. http://www.cntour2.com/viewnews/2010/4/18/0418104854.htm[2015-07-21].

[97]汪晓东，张炜，颜珂，等. 总书记带领我们"精准脱贫". http://cpc.people.com.cn/n1/2018/1005/c64387-30325615.html[2018-11-24].

[98]习近平. 携手消除贫困 促进共同发展——在 2015 减贫与发展高层论坛的主旨演讲. http://www.xinhuanet.com//politics/2015/10/16/c_1116851045.htm[2015-10-27].

[99]吴乃云，李勇. 政府主导 公司经营 协会管理 农户参与——乡村旅游扶贫的"寨沙模式". 贵州民族报，2015-12-17（B3）.

[100]沈国舫. 关于生态保护和建设的几个问题. 草业学报，2015，24（5）：1-3.

[101]胡锦涛. 坚定不移沿着中国特色社会主义道路前进 为全面建成小康社会而奋斗——胡锦涛同志代表第十七届中央委员会向大会作的报告摘登. http://cpc.people.com.cn/18/n/2012/1109/c35081-19529916.html[2015-10-27].

[102]中共中央关于全面深化改革若干重大问题的决定（2013 年 11 月 12 日中国共产党第十八届中央委员会第三次全体会议通过）. http://news.12371.cn/2013/11/15/ARTI1384512952195442.shtml[2015-10-27].

[103]秦远好，马亚菊，刘德秀. 民族贫困地区居民的旅游扶贫影响感知研究——以重庆石柱县黄水镇为例. 西南大学学报（自然科学版），2016，38（8）：74-82.

[104]秦远好，刘德秀，谢德体. 三峡库区旅游产业影响研究. 北京：中国大地出版社，2008.

[105]王玉凤. 印度上调贫困线 新增贫困人口近1亿. http://www.prcfe.com/web/meyw/2014-07/29/content_1109681.htm[2015-11-21].

[106]UNWTO. UNWTO Tourism Highlights 2016 Edition. 2016.

[107]Goyal S. Poverty Eradication and Economic Development Through Tourism. Delhi：Goyal Publishers & Distributors Pvt. Ltd，2001.

[108]南非贫富差距极为悬殊 贫困人口占比达47%（图）. http://world.worker.cn/141/201503/17/150317040945941.shtml[2015-03-17].

后　　记

《连片特困地区旅游扶贫与生态保护耦合发展研究》是 2014 年国家社会科学基金项目"连片特困地区旅游扶贫与生态保护耦合机制研究"（14BSH041）和 2014 年重庆市社会科学规划项目"渝东南生态保护区旅游扶贫与生态保护协同机制研究"（2014YBJJ037）的最终成果，本书的问世，是各界人士共同关心、支持与帮助的结果。

在此，我们首先要衷心感谢重庆武隆县、石柱县、奉节县和广西巴马县的相关主管部门和实证研究区域镇人民政府的大力支持，为我们提供了大量非常宝贵的原始统计数据和相关资料，为我们进行现场调研、问卷调查提供了诸多方便。其次要衷心感谢西南大学温涛教授、王志章教授、张应良教授、郑家福教授、田世政副教授、黄国庆副教授、社会科学处吕刚武科长等对本书研究给予的精心指导与无私帮助；衷心感谢刘钰佳、梁海兰、施秀梅、樊无双、马亚菊、黄晓楠、刘黎黎、田翠翠等同志积极参与本书研究付出的辛勤劳动。再次要衷心感谢科学出版社的领导与员工为本书的出版所付出的智慧与辛勤劳动。最后要衷心感谢学界同人，因为他们的研究成果拓展了我们的视野，启迪了我们的心智。

尽管我们力图全面理解并阐释连片特困地区旅游扶贫与生态保护耦合发展的诸多理论，创建两大系统耦合发展的定量评价体系，探索两大系统耦合发展机制与实现路径，但由于时间、精力与能力的限制，书中纰漏之处在所难免，望读者提出宝贵建议和意见。

秦远好　刘德秀　秦　翰
2019 年仲夏于西南大学